JN046287

70歳就業時代の雇用・賃金改革

－高齢者を活かす定年制とジョブ型賃金－

明治学院大学名誉教授
笹島　芳雄 著

はしがき

わが国人口の少子高齢化はますます進展しており、経済社会のあらゆる分野に多大な影響を及ぼしています。社会保障制度の柱である医療保険、介護保険、年金保険の費用は高齢化と共に増加してきており、現役世代の税・社会保険料負担を高めると共に、国家予算の支出額の３分の１を占めるに至っています。

少子化は出生率の低下にともなって生じていますが、長期にわたる低い出生率により人口の減少も徐々に進みつつあります。その結果、日本経済を支える働き手（労働力人口）も減りつつあります。

こうした中、公的年金の支給開始年齢が引き上げられつつあり、以前のように60歳で定年退職して、その後は悠々自適の生活を送るというような生活は難しくなってきました。

平均寿命は年々伸長しており、老後生活は長期化しつつありますが、マクロ経済スライドにより公的年金の支給水準が次第に低下していくことを考えますと、老後生活の安定のためにできるだけ長く働くことが望ましい社会経済となりつつあります。それは日本経済が懸念する労働力人口の減少を補う効果もあります。

こうした情勢を受けて、70歳までの就業を促進する70歳就業法（2020年改正高年齢者雇用安定法）が2021年４月から施行されました。どの企業も従業員が70歳まで働いて収入が得られるように工夫しなければならなくなりました。

すでに人口の３割ほどは65歳以上人口ですから、わが国経済を支える労働力は高齢化がかなり進んでいます。労働力の高齢化現象と70歳就業法を合わせて考えますと、今後の日本経済の発展の鍵の一つは、頼らざるを得なくなる高齢労働力を如何に適切に活用できるかにかかっています。そのためには、高齢者が保有する職業能力をフルに発揮できる企業体制そして人事賃金制度を構築していくことでしょう。

本書は、高齢者が保有する職業能力をフルに発揮できる人事管理はどのようにしたら良いであろうかという観点に立ち、「全社員統一型65歳定年制」及び「ジョブ型賃金」の導入を勧める書となっています。

65歳定年制の導入を考えている企業、すでに65歳定年制を導入した企業、高齢者をフル活用したいとする企業に対して、高齢者活用で最も重要な定年制や賃金の在り方を考える上でのポイントを提示しています。

本書が高齢者の積極的活用を目指している多くの企業の参考になるとするならば、著者としてそれに勝る喜びはありません。是非とも本書を利用して、高齢者の活用を進めて欲しいと願っております。

最後となりましたが、本書出版にあたっては、㈱労働法令社長石田利明氏および上村昌平氏に大変お世話になりました。ここに記して感謝の意を表する次第です。

2021年10月

笹島　芳雄

目　次

はしがき

＜第1部：高齢者活用の時代と70歳就業法＞…………… 7
第1章　高齢労働力活用の時代 ………………………………… 9
　1　高齢化・少子化の進行と人口減少 ……………………… 9
　2　高齢労働力の将来見通し ………………………………… 13
　3　高齢者の職業能力の水準 ………………………………… 15
第2章　高齢者生活の安定と雇用・年金問題…………………… 28
　1　公的年金の支給開始年齢と支給水準…………………… 28
　2　高齢者の生活安定策と公的年金 ………………………… 32
　3　高齢者の高い就労意欲 …………………………………… 38
第3章　高齢者活用に向けた70歳就業法 ……………………… 42
　1　高年齢者雇用安定法の変遷 ……………………………… 42
　2　70歳就業法（改正高年齢者雇用安定法）のポイント ……………………………………………………… 43
　3　70歳就業法（改正高年齢者雇用安定法）の内容 …… 45
　4　70歳就業法への企業の対応策…………………………… 56

＜第2部　全社員統一型65歳定年制の推進＞…………… 61
第4章　65歳定年制、再雇用制度の比較と年齢差別禁止 ………………………………………………… 63
　1　定年制と再雇用制度の現状 ……………………………… 63
　2　再雇用制度の一般的特徴 ………………………………… 69
　3　65歳定年制のメリット・デメリット …………………… 73
　4　再雇用制度のメリット・デメリット…………………… 80

5　年齢差別禁止・定年制廃止と65歳定年制 …………… 84
第５章　65歳定年制推進の動きと２種類の65歳定年制…… 88
1　必要な65歳定年制の推進 ………………………… 88
2　65歳定年制への政労使の姿勢……………………… 90
3　２種類の65歳定年制とそれぞれのメリット・デメリット … 96
4　２種類の65歳定年制の選択問題 ………………… 105
第６章　65歳定年制事例の活用 ………………………… 107
1　「全社員統一型65歳定年制」企業の事例 …………… 107
2　「高齢者分離型65歳定年制」企業の事例 …………… 121

＜第３部　ジョブ型賃金の推進・活用＞ ………………… 137
第７章　「ジョブ型賃金システム」とこれからの賃金制度 … 140
1　ジョブ型賃金システムとは何か …………………… 140
2　ジョブ型賃金に向かう日本の賃金制度……………… 148
3　ジョブ型賃金の推進要因 ………………………… 153
4　能力・実績主義（成果主義）の推進とジョブ型賃金 … 157
第８章　65歳定年制の賃金制度と同一労働同一賃金 ………… 160
1　70歳就業時代の賃金制度の基本的方向 …………… 160
2　職能給と職務給の比較 ………………………… 163
3　「全社員統一型65歳定年制」の基本給体系のあり方 … 165
4　ジョブ型賃金を補完する取り組み………………… 170
5　「同一労働同一賃金」規定と高齢者雇用 …………… 172
第９章　ジョブ型賃金とジョブ等級制度の設計 ………… 183
1　職務給と職務等級制度の関係 …………………… 184
2　職務等級制度の構築と職務記述書………………… 186
3　職務評価の実施とコンサルタントの利用 ………… 191
4　序列法による職務評価 ………………………… 193

5 職位法による職務評価 …… 196
6 分類法による職務評価 …… 200
7 分類法の応用事例 …… 202
8 要素別点数法による職務評価 …… 206

参考資料 …… 217

第１部

高齢者活用の時代と70歳就業法

わが国では、人口の少子化、高齢化が世界に例のないスピードで進行している。出生率は人口水準を維持できる出生率よりかなり低い出生率を続けてきており、すでに人口減少が始まっている。他方、65歳以上の高齢者が激増し人口の約３割を占めるという状況に至っている。日本経済を支える労働力人口も減少基調にあり、労働力面から日本経済の先行きが危ぶまれる状況にある。

高齢者の多くは、公的年金の支給開始年齢の引上げ、支給水準低下の動きもあって老後生活の安定のために、就労意欲が高まってきている。また、多くの企業では、55歳定年後、あるいは60歳定年後の高齢者をこれまで十分に活用してこなかったことから、高齢者が他社や外国に流れて技術・ノウハウの流出をもたらし、日本経済の発展や企業の競争力を阻害してきたこともある。

労働力としてこれまで十分に活用できていなかった高齢者をよくみると、個人差は大きいものの、以前と比べて健康水準が高まってきている。また、長い職業経験で培った職業能力水準も極めて高く、労働力減少時代を迎えている日本経済を支え、発展させるためにも大いに活用を図っていくことが求められている。

こうした中、高齢者の活用を目指す70歳就業法（2020年改正高年齢者雇用安定法）が2021年４月から施行されて、どの企業も従業員の70歳までの活用を図らなければならなくなった。活用法としては、少なくとも70歳まで雇用を継続する70歳定年、定年制廃止、再雇用、勤務延長に加えて、70歳まで就業できる創業支援措置等のいずれかを企業に求めている。現実に多くの企業が採用する措置としては、再雇用制度によって70歳までの雇用を保障するものと見られる。

企業は個々の労働者の職業能力をしっかり把握して、少なくとも70歳までの活用を目指す時代となったのである。

以下の第１章では、人口の少子高齢化の進行を見ると共に、中期的な労働力人口の見通しを見ている。その結果、日本経済の維持・発展には高齢者の活用が不可避である中で、幸いにも高齢者の職業能力は若干の配慮をすれば65歳以上でも普通に働けること、健康状態も良好であることを述べている。

第２章では、公的年金の支給開始年齢が65歳に移行しつつある中で、主要国は66歳以上へと支給開始年齢を引き上げつつあり、しかも日本と比較して平均寿命は短いことから、日本が最も公的年金の支給期間が長いこと、そして現行の公的年金制度の維持が最も厳しいことを示している。わが国では、高齢者は生活安定のために65歳あるいは70歳までの就業が求められるようになってきており、高齢者の働く意欲も極めて高いことを示している。

第３章では、高齢者の活用を段階的に高めてきた高年齢者雇用安定法の変遷を見ている。次いで、2021年４月に施行された70歳就業法（改正高年齢者雇用安定法）のポイントを見た後、企業が実行しなければならない「高年齢者就業確保措置」の具体的な内容を整理している。最後に、70歳就業法に対する企業の対応策を整理し、最も可能性の高い対応策を検討している。

第１章
高齢労働力活用の時代

1　高齢化・少子化の進行と人口減少

(1)　急速に進む人口の高齢化

人口に占める高齢者の割合が急速に高まることを「高齢化」と称している。わが国では人口の高齢化は早くから指摘され、警鐘が打ち鳴らされてきた。

まず高齢化の推移およびその見通しをみることとしよう。**図表１－１**は人口の年齢構造をみたものである。2000年時点では65歳以上人口は17％を占めるに過ぎず、他方０～19歳人口は21％を占めていた。20年後の2020年をみると、０～19歳人口の割合は17％と減少し、65歳以上人口の割合は高まって29％を占めることとなった。この間、20～64歳人口の割合は62％から55％に低下した。

さらに20年後の2040年の年齢構造はどうであろうか。国立社会保障・人口問題研究所では、５年ごとの国勢調査の結果が得られる度に人口の将来推計を実施している。国勢調査から最新の詳細な人口資料が得られるからである。

同研究所の人口の将来推計においては、出生率が高めに推移するという前提で推計する高位推計、低めに推移するという前提で推計する低位推計、両者の中間の出生率で推計する中位推計の３種類がある。本書で利用する推計値はすべて中位推計の結果である。

さて、最新の推計結果に基づいて2040年の年齢構造をみると、一段と高齢化が進行する。65歳以上人口の割合は35％まで高まるのである。

日本人の３人に１人は65歳以上になる、ということである。他方、０～19歳人口の割合は更に低下して15％程度となる。

図表１－１　人口の年齢構造の動向

	0～19歳	20～64歳	65～74歳	75歳以上
2040年	14.7	50.0	15.2	20.2
2020年	16.5	54.6	13.9	14.9
2000年	20.5	62.0	10.2	7.1

0%　20%　40%　60%　80%　100%

資料出所：国立社会保障・人口問題研究所「人口統計資料集（2020年）」

以上の人口見通しからすると、将来は大変な超高齢社会の到来が予想されている。現在でも老人が老人を介護するという「老老介護」が話題となることがあるが、それが日常茶飯事の世の中となるであろう。ニュース性からすると、本来の当たり前の現象である中年が老人を介護するという「中老介護」がむしろ珍しいということで話題を集めるかも知れない。電車の中は老人が多くなることから、シルバーシートが廃止されるかも知れない。老人が老人に席を譲るのは日常茶飯事となるのではないか。

わが国の高齢化が経済社会にとって極めて深刻であるのは、高齢化が急速に進行していることである。**図表１－２**は、65歳以上人口の割合の推移を主要国についてみたものである。同図表から直ちに分かるように、1990年頃までは我が国の高齢化は主要国の中では最下位であった。それが2000年にはトップに躍り出て、更にその後も各国を引き離していくという超スピードの高齢化現象なのである。

人口の高齢化は様々な問題を引き起こす。地域社会においては道路、住宅、交通の問題、職場においては企業活力の低下、ポスト不足の問題、技術革新への対応力低下の問題、社会保障の面では公的年金、医療保険、介護保険、生活保護等の費用増大の問題につながっている。こうした諸問題も高齢化現象の進行が緩やかであれば、時間をかけて取り組むことが可能である。しかしながら高齢化の進行が余りにも急速過ぎることから社会的対応を大変困難にしているのである。

図表１－２　65歳以上人口の割合の推移

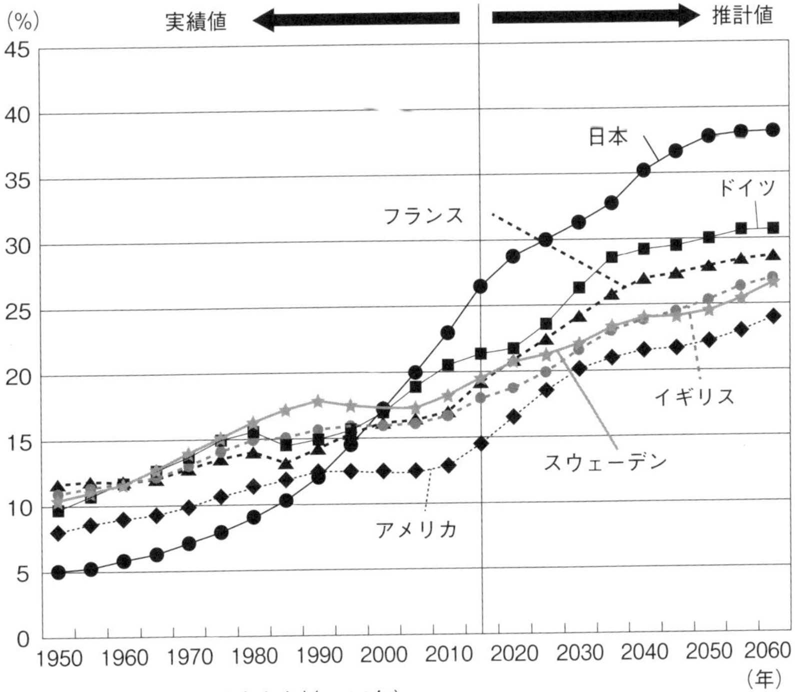

資料出所：内閣府「高齢社会白書」(2020年)
(注)原資料は社会保障・人口問題研究所「人口問題資料」である。

⑵　少子化現象の進行

高齢化現象は上述したようにそれだけで深刻な影響を及ぼすのであるが、わが国ではそれと同時に少子化が進行していることが、問題を更に一層深刻なものとしている。そこで「少子・高齢化」と両者をまとめて表現することが多い。

少子化現象とは子供数の減少であり、人口に占める子供の割合の減少でもある。先にみた図表１－１でも、すでに０～19歳人口の割合が急速に低下していることをみたところである。

すでに1997年以降、わが国では若年人口（０～14歳人口）が老年人口（65歳以上人口）を下回るようになってきている。少子化の背景には、男女双方の未婚化と晩婚化の進行があり、結婚世帯当り出生数の減少がある。

その結果として、合計特殊出生率（一人の女性が生涯を通じて生む子供の数）は1970年2.13人、1980年1.75人、1990年1.54人、2000年1.36人と低下傾向を続け、2005年には1.26人まで低下した。その後やや回復して2010年は1.39人、2015年には1.45人まで高まったが、その後は再び下落傾向となり2020年には1.36人となった。人口が増えもせず減りもしない合計特殊出生率は2.08人であるが、それと比較すると３分の２程度のかなり低い出生率水準にあることから日本の人口は次第に減少することとなる。出生率の今後の見通しもかなり厳しいものがある。

少子化の進行により、すでに2011年から総人口の減少が始まっている。わが国の総人口は中位推計に基づくと、2020年の１億２千５百万人から2030年には１億１千９百万人、2040年１億１千１百万人へ、さらに2053年には９千２百万人と１億人を下回る水準まで減少する。人口減少が少子化による最大の問題であると言えよう。

2　高齢労働力の将来見通し

(1)　労働力人口の将来見通し

上述のようにわが国の人口は次第に減少していくと予測されており、人口の高齢化がますます進行することとなる。そのことから直ちに分かることであるが、経済活動を支える労働力人口が次第に減少していくことになる。しかも労働力人口の高齢化も同時に進行する。

図表1－3はわが国の労働力人口の将来見通しを示している。労働力人口とは「就業者数＋失業者数」のことであり、経済活動を支えている働き手のことである。図表1－3から2015年を基準として、「ゼロ成長・参加現状」（ゼロ成長に近い経済成長で、性・年齢階級別の労働力率が2015年と同じ水準で推移すると仮定したシナリオ）では2030年時点で労働力人口が804万人減少すること、「経済再生・参加進展」（一定の経済成長があり、若者・女性・高齢者などの労働市場参加が進むシナリオ）では242万人の減少に留まることを示している。

同図表では年齢別の労働力人口の変化も示されている。「ゼロ成長・参加現状」の場合には15～29歳、30～59歳、60歳以上のいずれも減少し、「経済再生・参加進展」の場合には15～29歳、30～59歳は減少するものの60歳以上は増加すると予測している。

労働力人口が図表1－3に示す見通しどおりに推移するとすれば、日本経済は労働力面から打撃を受け、特に、「ゼロ成長・参加現状」の場合には、大打撃を受けることとなる。

「経済成長率≒労働生産性増加率＋労働力人口増加率」であるから、労働力人口が減少すればするほど日本経済の成長は難しくなる。経済成長しないということは、日本経済の規模が大きくならないことであり、人口の動向次第では生活水準は低下する可能性が高くなる、ということである。

図表１－３　労働力人口の将来見通し

（単位:万人）

年齢区分	労働力人口			2015年から2030年への変化	
	2015年（構成比）(X)	2030年（構成比）			
		ゼロ成長・参加現状(A)	経済再生・参加進展(B)	A−X	B−X
合計	6,604（100.0%）	5,800（100.0%）	6,362（100.0%）	−804	−242
15～29歳	1,093（16.6）	947（16.3）	1,027（16.1）	−146	−66
30～59歳	4,209（63.7）	3,685（63.5）	3,894（61.2）	−524	−315
60歳以上	1,296（19.6）	1,168（20.1）	1,441（22.6）	−128	+145

資料出所：2015年は総務省「労働力調査」、2030年は労働政策研究・研修機構「労働力需給の推計」（2017年）に基づき作成

（注）「ゼロ成長・参加現状」とは、ゼロ成長に近い経済成長で、性・年齢階級別の労働力率が2015年と同じ水準で推移すると仮定したシナリオ、「経済再生・参加進展」とは一定の経済成長があり、若者、女性、高齢者などの労働市場参加が進むシナリオである。

⑵　労働力人口減少の軽減策

労働力人口の減少を回避する一つの方法は外国人労働者の導入である。現実に、すでに数多くの外国人労働者がわが国で就労している。2020年のコロナ危機直前のわが国では、かなりの数の外国人労働者が就労していた。それにもかかわらず人手不足が蔓延していたことから、より一層の外国人労働者の導入が主張されていた。

しかし、外国人労働者に依存する前にしなければならないことがある。国内の利用されていない労働力の活用である。具体的には、家事・育児と仕事との両立ができないことから仕事をあきらめている女性、人とのコミュニケーションをうまくできないという理由で働くこ

とをあきらめて家に閉じこもっているニート、そして定年後あるいは定年を経て再雇用の勤務後に適切な仕事がないことから仕事をあきらめている高齢者などである。このほか、自分に合った仕事が見つからない失業者や能力をフル発揮できずにフリーターとして過ごしている若者などの活用が先である。労働力減少時代を迎えているわが国は、これまで以上に高齢者が働きやすい環境を作り出し労働力として積極的に活用しなければならない。

65歳まであるいは70歳まで、さらにはその後も健康である限り現役として働き続けられる「生涯現役社会」を早急に構築しなければならない。2021年４月に施行された70歳就業法（改正高年齢者雇用安定法）は、高齢労働力の増加を図る観点からは時宜を得た法律である。

さらに女性労働力や若年労働力の活用が進めば、労働力人口減少のインパクトをかなり抑えることが可能となる。そのようにして時間を稼ぎつつ、出生率の引上げ政策を進めることがわが国の目指す方向ではないだろうか。

3　高齢者の職業能力の水準

(1)　高齢者の職業能力の特徴

一般に、人間は年齢が高まれば高まるほど肉体的な衰えがある。精神的な面でも気力が落ちてくると考えられる。様々な仕事の中には、一定レベル以上の体力や気力を必要とする仕事がある。そうした仕事では高齢者ほど活躍するのが難しい。またパソコン、スマホ、ソーシャルメディアなど急速に進展しているＩＴ（情報技術）革新に高齢者はついていけない、という指摘もある。他方において、職業経験を積むにつれて、顧客からのクレームに対して適切に対応できるとか、顧客の立場に立ってサ－ビスを考えるとか、経験を土台として新人を指導することが上手になるというように年齢と共に能力がむしろ高まっていくという職業能力もある。

このように高齢者の職業能力には多様な面がある。どの企業でも高齢者を活用していくには、まず高齢者の職業能力を的確に把握することが求められる。それが高齢者活用への第一歩である。

図表1－4は高齢者の職業能力の特徴を、長所と短所の別に整理したものである。あくまでも一般的に言われる傾向を整理したものであることに注意されたい。

図表1－4　高齢者の職業能力の一般的特徴

長　所	短　所
G1　仕事上での経験が豊富である	B1　気力・体力の衰えがある
G2　対人折衝力に優れている	B2　変化への適応力に乏しい
G3　責任感が強い	B3　過去の経験・知識にこだわる
G4　指導力・育成力の面で優れている	B4　過去の地位・役職にこだわる
G5　欠勤が少ない	B5　保守的で、職務の変化を嫌う
G6　勤務態度が優れている	B6　職務遂行能力の個人差が大きい

ところで高齢者も様々である。高齢者の中には若者以上に、柔軟でフレッシュで革新的である者も少なくない。体力の面ではともかくとして気力が全然衰えない者も数多い。週刊文春に長らく連載された加藤仁氏による定年退職者の定年後の生活を描いたルポ、「待ってました定年」（その後、同名で「文春文庫」として公刊）では、定年後の生活を活き活きと過ごす定年退職者の様子が余すところなく描かれている。そこに登場する人物はいずれも、多くの若者以上に積極的で柔軟な考えの持ち主である。

図表1－4が示す「高齢者の職業能力の一般的特徴」は、あくまでも高齢者全体の平均値である。平均値にとらわれると、高齢者の職業

能力を十分に活用できないことになる。進行する超高齢化社会においては、高齢者をフル活用しなければならない。様々な高齢者がいることから平均値でみることを控えて、可能な限り、高齢者一人ひとりの職業能力を丁寧にみていく姿勢が企業には求められる。

高齢者の職業能力の長所は大いに活用するべきであり、短所は次に見るように企業側の工夫次第によっては乗り越えられないことはないことを十分に認識しなければならない。

(2)　高齢者の職業能力の短所の克服

高齢者の職業能力の短所の克服策を示したのが図表１－５である。

図表１－５　高齢者の職業能力の短所の克服策

高齢者の短所	高齢者の短所の克服策
B1　気力・体力の衰えがある	・器具・機械を活用する ・夜勤から外す ・体力を必要とする業務から外す ・パート勤務など労働時間の配慮を行う
B2　変化への適応力に乏しい	・現職を継続する ・過去の経験業務を担当させる ・単純定型業務を担当させる ・教育訓練で克服する
B3　過去の経験・知識にこだわる	・意識改革教育を行う ・教育訓練で改善する ・過去の経験業務を担当させる ・単純定型業務を担当させる
B4　過去の地位・役職にこだわる	・意識改革教育を行う ・担当業務の内容を明確にする ・役職者を「さん付け」で呼びかける運動を行う
B5　保守的で、職務の変化を嫌う	・現職継続を行う ・意識改革教育を行う ・教育訓練で新業務担当を可能とする ・過去の経験業務を担当させる ・単純定型業務を担当させる
B6　職務遂行能力の個人差が大きい	・教育訓練で改善する ・処遇に明確な差をつける

「Ｂ１ 気力・体力の衰え」に対しては、精神的・肉体的負担を軽減するとか精神的・肉体的負担の少ない業務への異動が考えられる。

「Ｂ２ 変化への適応力に乏しい点」に対しては、これまで担当してきた業務を継続させるとか以前に経験した業務、あるいは単純定型業務を担当させることが考えられる。未経験業務を担当させる場合には教育訓練をしっかり行うことが必要となる。

「Ｂ３ 過去の経験・知識にこだわる」ことに対しては、以前の経験業務や単純定型業務を担当させたり、過去の経験・知識が役立たなくなっているのであれば、教育訓練や意識改革教育を通じて改善を図ることが考えられる。

「Ｂ４ 過去の地位・役職にこだわる」とは、役職定年後の元役職者に見られる現象であり、企画立案とか重要な業務しか担当したがらないという問題である。そのような業務を担当させるのが難しく定型単純業務しか与えられない場合には、担当しなければならない業務の内容を明確にし、納得させることが必要である。「さん付け運動」とは、「佐藤課長」と呼ぶのではなく、「人事課長の佐藤さん」と呼ぶ運動のことで、元役職者への呼びかけを行い易くするためである。

「Ｂ５ 保守的で、担当職務の変化を嫌う」ケースについては、これまでの業務を継続させるとか以前の経験業務や単純定型業務を担当させたり、教育訓練によって改善を図るという対応となる。

「Ｂ６ 職務遂行能力の個人差が大きい」ことに対しては、教育訓練を通じての改善に加え、能力差に応じて処遇面で明確な差をつけることにより個人差に伴う問題をできるだけ縮小することが考えられる。

(3)　職業能力の加齢による変化

年齢の高まりは職業能力に大きな影響を及ぼすのは間違いない。しかしその影響の程度は職業によっても異なる。世の中を見渡すと、医師や弁護士の世界では70歳を超えて働いている者は少なくない。ほぼ生涯現役といわれるくらいいつまでも働けると言ってよい。他方、相撲の世界では現役で活躍できるのは精々30歳台前半までである。プロ野球の世界では30歳台後半までと言えようか。ひところソフト開発技術者として働けるのは35歳まででであるという35歳限界説が世の中に流れて広く信じられていた。

60歳以上の人は、特に問題なく普通に働けるのであろうか。あるいは普通に働くのは無理なのであろうか。そこで参考までに示したのが**図表１－６**である。

同図表は大変興味深い調査である。それと同時に、高齢者の積極的活用を推進する立場の者からすると、大変心強くなる調査結果である。ただ一つの欠点は、調査時点が今となっては古いことである。そこでその調査に頼るのはどうか、という主張も十分に有り得るであろう。高年齢者の積極的活用に反対する立場からは、調査結果の古さを問題とすることが考えられる。しかし、よく考えれば分かることであるが、この種の調査結果はかなり長期にわたって利用可能なのである。それは調査内容が定性的な項目で占められているからである。しかも今日の60歳は精神的にも肉体的にも昔の50歳と変わらない、と言われることもあるように、数十年前の高齢者と比べれば今日の高齢者は年々若返っている（後掲**図表１－８**参照）。そのように考えるならば、同統計の結果は今日にも十分に当てはまると言えるのである。

図表1－6（A）普通に働ける年齢

（単位：%）

職業	職場管理者の評価			従業員の評価		
	（注1）およそ60歳以上	うち60～64歳頃	およそ65歳以上	（注1）およそ60歳以上	うち60～64歳頃	およそ65歳以上
計	31	27	4	55	39	17
専門的・技術的職業	34	30	4	68	44	24
教員	82	49	33	96	12	84
事務						
人事部門	37	31	7	70	44	26
調査企画部門	38	32	6	59	33	26
経理部門	43	37	6	63	43	20
その他の部門	36	32	3	67	45	22
販売店員	18	17	1	52	39	13
外交員	28	23	5	67	37	30
運輸従事者	21	19	2	41	33	8
通信従事者	14	13	1	43	33	9
技能工、生産工程作業						
加工部門	23	21	2	47	36	11
組立部門	18	17	2	43	35	8
検査・包装・運搬部門	22	20	2	48	38	10
修理・点検部門	28	26	1	51	42	9
その他の部門	29	26	3	49	37	12
建設作業	44	41	3	60	42	18
保安職業	74	41	34	80	47	33
サービス職業	25	21	4	58	41	17
単純作業	46	31	15	63	38	25
その他の職業	29	24	5	46	33	14

資料出所：厚生労働省「加齢と職業能力に関する調査」（1981年）

（注）1　およそ60歳以降も普通に働けると回答した者の割合である。

2　職場管理者の評価は、当該職場管理者の職場の平均的従業員の職業能力に関する評価であり、従業員の評価は、回答者自身の職業能力に関する評価である。

図表１－６（B）若干の配慮があれば働ける年齢

（単位：％）

職業	職場管理者の評価			従業員の評価		
	(注)およそ60歳以上	うち60～64歳頃	およそ65歳以上	(注)およそ60歳以上	うち60～64歳頃	およそ65歳以上
計	68	42	26	86	37	49
専門的・技術的職業	72	41	30	95	33	62
教員	93	18	75	99	1	98
事務						
人事部門	72	40	32	93	29	64
調査企画部門	68	37	31	87	33	54
経理部門	78	46	32	89	33	56
その他の部門	72	45	27	90	33	57
販売店員	55	40	15	84	44	39
外交員	63	38	26	92	25	66
運輸従事者	57	44	12	76	47	29
通信従事者	59	50	9	93	69	25
技能工、生産工程作業						
加工部門	65	44	21	84	42	42
組立部門	55	39	16	82	44	38
検査・包装・運搬部門	64	45	18	82	44	38
修理・点検部門	69	45	23	85	43	41
その他の部門	67	45	23	83	41	42
建設作業	80	31	49	88	31	57
保安職業	97	32	65	96	23	73
サービス職業	64	41	24	87	39	48
単純作業	79	36	42	88	29	59
その他の職業	65	34	31	86	41	45

資料出所：厚生労働省「加齢と職業能力に関する調査」（1981年）

（注）およそ60歳以降も若干の配慮が年齢に応じてなされれば働けると回答した者の割合である。

(4)　普通に働ける年齢の限界

図表１－６は、一見するとどのように読んだらよいのか分かりにくい。そこで図表１－６を丁寧にみていくこととしよう。

まずＡ表であるが、「およそ60歳以降も普通に働ける」かどうかを職業別にみている。職業によって必要とする体力や気力などの違いがあるから、職業別に検討するのは当然のことである。「普通に働けるかどうか」をだれが判断するのかというと、まず職場管理者の判断である。職場管理者が部下の業務遂行をみながら判断しているのである。

Ａ表の職業欄の一番上の「計」の次のところ、専門的・技術的職業、をみてほしい。専門的・技術的職業とは、具体的には技術者、薬剤師、看護師、税理士、保育士といった職業である。専門的・技術的職業に関しては、「およそ60歳以降も普通に働ける」と判断している職場管理者は職場管理者全体の34％である。この34％は二つに分かれて、「およそ60～64歳頃まで普通に働ける」とするのが職場管理者全体の30％であり、「およそ65歳以上まで普通に働ける」とするのが職場管理者全体の４％である。

以上から総合的に判断すると、職場管理者の約３分の１（＝34％）は、専門的・技術的職業では、「およそ60歳以降も普通に働ける」と判断しており、では何歳までかというとせいぜい64歳頃まで普通に働ける、と判断している、と言える。

職業欄には数多くの職業が並んでいるが、その中では教員と保安職業については、職場管理者の７～８割が「およそ60歳以降も普通に働ける」と判断していて、しかも「およそ65歳以上まで普通に働ける」とみている職場管理者が少なくないことがわかる。

次に、仕事に従事している従業員がどのように判断しているかをみてみよう。前と同様に専門的・技術的職業に関してみると、「およそ60歳以降も普通に働ける」と判断しているのは、実際に専門的・技術的職業に従事している従業員の68％である。先程の職場管理者の調査結果とはかなり異なる。この違いは当然であるかも知れない。従業員は自分自身のことを高く評価する傾向にあるからである。重要な点は、「およそ60歳以降も普通に働ける」と判断している従業員の割合がほとんどの職業において５割を超えていることである。

次にＢ表をみてみよう。Ｂ表がＡ表と違うのは、「およそ60歳以降も普通に働ける」ことの調査ではなく、「およそ60歳以降も若干の配慮が年齢に応じてなされれば普通に働ける」ことの調査である。

ここで若干の配慮とは、①仕事の量を調節する、②職場内での仕事の分担を調整する（力のいる仕事、細かい仕事、対人業務などを調整すること）、③勤務時間を調整する（深夜勤務、早朝勤務などを調整すること）、④労働時間を短縮する、⑤休暇を取りやすくする、⑥教育、助言を行う、⑦作業環境を改善する、といったことである。

すなわち、労働時間とか設備とかノルマとか職務内容等の面で若干の配慮がなされた場合に「およそ60歳以降も普通に働ける」かどうかをみているのである。当然のことながら、Ａ表と比較してＢ表の数値は大幅に上昇する。すなわち、ほとんどの職業では「若干の配慮が年齢に応じてなされれば」65歳までは普通に働けるし、多くの職業では65歳以上も普通に働くことは可能だ、ということを示している。

図表１－６は、職業能力の面からみて、65歳以降も十分に働くことが可能であることを証明した調査結果といってよい。

(5)　職業能力と年齢の関係

年齢と職業能力との関係を示すもう一つの図表を示すこととしよう。それが**図表１－７**である。図表１－７をどのように読んだらよいかであるが、看護師の欄を見て欲しい。回答者の12.0％は、看護師の能力は加齢と共に65歳ぐらいまで高まっていく、とみている。また回答者の37.3％は、看護師の能力は加齢と共に高まっていくが、ある年齢

図表１－７　職業能力と年齢との関係

職業・職種	合計	要求される能力の加齢（65歳位までの期間）に伴う変化			
		年齢と共に上がる	始めは上がるがある時点から水平	年齢と共に上がるが、ある年齢以降は低下する	何らかの配慮があれば働くことのできる年齢
鉱工業技術者	100.0%	23.9%	45.1%	31.0%	61.7歳位まで
情報処理技術者	100.0	15.6	29.8	54.6	54.5
看護師	100.0	12.0	37.3	50.7	62.2
管理職	100.0	40.3	45.2	14.5	64.1
総務事務	100.0	26.0	57.0	17.0	62.9
営業・販売事務	100.0	23.4	58.5	18.1	61.5
販売店員	100.0	22.0	47.7	30.3	58.9
接客・給仕職業	100.0	13.3	50.9	35.9	58.8
警備員	100.0	0.4	49.4	50.2	64.9
自動車運転者	100.0	8.8	28.0	63.3	62.9
製造・製作作業	100.0	11.0	42.4	46.6	62.5
建設土木作業	100.0	9.2	29.7	61.0	63.3
運搬労務	100.0	0.7	43.4	55.9	62.5

資料出所：（独）労働政策研究・研修機構
「企業における今後の中高年齢者活用に関する調査」（2004年）
（注）１　「要求される能力の加齢に伴う変化」は65歳くらいまでの期間である。
２　調査結果のうち、就業者の多い一部の職業・職種を取り出した。
３　調査の回答者は、企業の人事・総務担当者である。

以降は横ばいのまま65歳ぐらいに至る、とみている。また、回答者の50.7%は、看護師の能力は加齢と共に高まっていくが、ある年齢以降は低下していくとし、低下はしても何らかの配慮をすれば62.2歳ぐらいまでは普通に働ける、という内容である。

総括すると、回答者の半数は、看護師は65歳程度まで能力は高まったまま低下せず普通に働くことが可能である、とみており、回答者の残り半数はある年齢以降は能力は低下するものの工夫次第では62歳ぐらいまで普通に働くことが可能である、という調査結果である。

全体として、多くの職業では65歳ぐらいまでは能力が低下しない、とみている人が過半数を超えていることが分かる。この調査結果も60歳台の高齢者の職業能力は十分な水準にあることを示している、と言えよう。

(6)　体力・健康状態の加齢による変化

労働者の年齢が何歳であろうが、健康であることは適切な業務遂行に欠かせない条件である。そこで多くの企業は従業員の健康状態に十分な注意を払っている。

人間誰しも年齢が高まるにつれて体力が次第に低下してくるが、今日の高齢者は昔の高齢者と比較すると体力的にかなり若いとしばしば言われる。このことは長期にわたる平均寿命の伸長からも推測できることであるが、高齢者の体力は昔と比べて高まったことを示したのが図表１－８である。

図表１－８　高齢者の「体力テストの点数」の年次推移

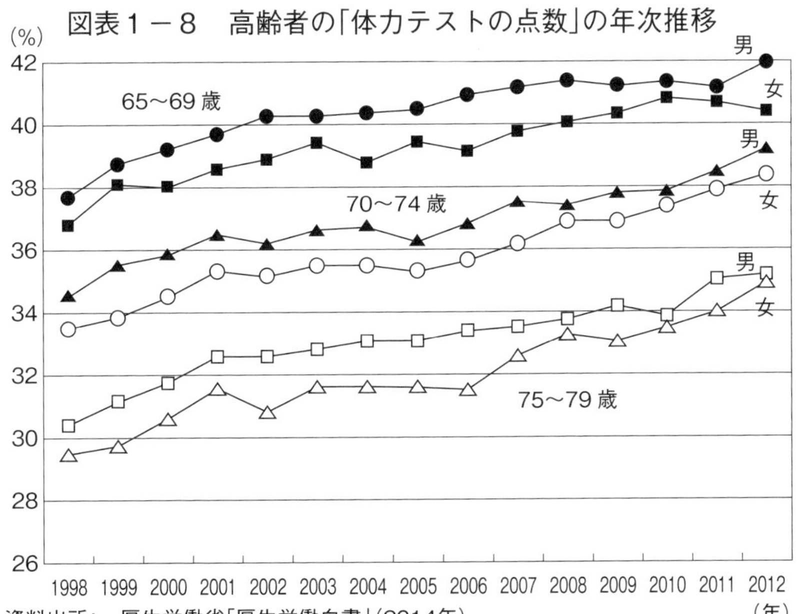

資料出所：　厚生労働省「厚生労働白書」(2014年)
(注)　原資料は、文部科学省「体力・運動能力調査」である。

図表１－８に示した「体力テストの点数」とは、測定項目を握力、上体起こし、長座体前屈、開眼片足立ち、10m障害物歩行、６分間歩行の６項目として、それぞれを点数化して合計した点数である。

合計点の推移をみると、高齢者の体力は男女ともほぼ一貫して上昇している。図表１－８は65歳以上層の数値を示しているが、60～64歳層についても同様である。

一般に、高齢になるほど体力・健康状態は低下し、不安定であり、労働者間での体力・健康には差が出てくることになるから、体力・健康面だけを考えると企業は高齢者雇用の推進にはなかなか積極的になれない。

それでは体力の低下により仕事上の不都合が生じているのであろうか。その点を調べた結果が図表１－９であり、男性の60代前半層および60代後半層は「体力等の問題は感じたことがない」は約２割、「体力等の衰えはあるが、仕事をする上では特に不都合はない」は５割強を占めており、以上の７割強は「仕事をする上で不都合はない」としている。「やや不都合を感じている」のは２割弱であり、男性の60代全体としては概ね問題ないと言えるのではないか。女性についてみると、上述した男性に見られる傾向とほぼ同様である。

図表１－９　高齢者の「体力の仕事への影響」

（単位：％）

「体力の仕事への影響」の内容	男性		女性	
	60～64歳	65～69歳	60～64歳	65～69歳
合計	100.0	100.0	100.0	100.0
体力等の問題は感じたことがない	22.0	17.3	18.9	17.6
体力等の衰えはあるが、仕事をする上では特に不都合はない	52.2	57.1	53.8	56.9
やや不都合を感じている	18.8	18.3	20.2	18.1

体力や記憶力などが原因で、仕事上、少し失敗したことがある	3.7	4.0	5.1	3.9
かなりの不都合があり、仕事を辞めることも考え始めている	3.0	2.3	1.8	3.4
無回答	0.3	1.1	0.3	0.0

資料出所：（独）労働政策研究・研修機構「60代の雇用・生活調査」（2020年）

第２章
高齢者生活の安定と雇用・年金問題

1　公的年金の支給開始年齢と支給水準

(1)　65歳支給開始への移行過程

現在の公的年金制度での勤労者の支給開始年齢は図表２－１のようになっている。基礎年金は長らく60歳からの支給であったのが、2001年から段階的に引き上げられて2013年４月からは65歳からの支給となった。他方、報酬比例年金はそれまで60歳からの支給としていたのが、2013年４月から61歳からの支給となった。

報酬比例年金の支給開始年齢は、2013年４月から３年ごとに１歳ずつ引上げられて、2025年４月からは65歳からの支給となる。

すなわち2025年４月からは、基礎年金および報酬比例年金の双方が65歳からの支給となる。基礎年金および報酬比例年金の金額は、2021年度には平均的な勤労者の場合にはそれぞれ約78万円と約108万円で

図表２－１　公的年金の支給開始年齢と支給額（2021年度）

年	支給開始年齢	
	基礎年金（約78万円）	報酬比例年金（約108万円）
2019年4月から	65歳	63歳
2022年4月から	〃	64
2025年4月から	〃	65
20XX年4月から?	68歳?	68歳?

（注）基礎年金額（2021年度約78万円）は40年加入の金額である。報酬比例年金額（同約108万円）は勤労者の平均的な収入（平均標準報酬（賞与含む月額換算）43.9万円）で40年間雇用された場合の金額であり、40年間のうちに失業などの不就業期間がある場合には報酬比例年金額は少なくなる。

ある（図表２－１（注）参照）。これに配偶者も40年加入した場合の基礎年金約78万円を加えると、夫婦共に65歳以上である世帯の公的年金は年間約265万円、月当たりで約22万円となる。

以上から分るように、60歳定年の企業で定年退職して、60歳以降は働かず悠々自適の生活に入ると、2019年４月以降は、公的年金が支給されるのは63歳からであり、それも報酬比例年金のみである。したがって、60歳から63歳までの３年間は無収入となる。

同様に、2022年４月以降となると、60歳以降は働かなければ60歳から64歳までの４年間が無収入となる。

(2)　厳しい年金財政と支給開始年齢

現在の公的年金制度の支給開始年齢は以上述べたとおりである。しかし、支給開始年齢は今後変更される可能性がある。図表２－１では20XX年に68歳としているが、これはその可能性を考えたからである。68歳ではなく70歳も十分に考えられる。

図表２－２　年金支給開始年齢の引き上げ案（男性のケース）

支給開始年齢	2011年現在の予定	厚生労働省案		
		第1案	第2案	第3案
61歳	2013年	2013年	2013年	2013年
62	2016	2015	2016	2015
63	2019	2017	2019	2017
64	2022	2019	2022	2019
65	2025	2021	2025	2021
66	—	—	2028	2023
67	—	—	2031	2025
68	—	—	2034	2027

資料出所：厚生労働省社会保障審議会年金部会提出資料（2011年10月11日）
（注）１　65歳までは報酬比例年金の引き上げについてである。66歳以降は基礎年金、報酬比例年金の引き上げについてである。
２　女性については５年遅れの案である

厚生労働省は、2011年10月に開催された社会保障審議会年金部会に、公的年金の支給開始年齢の見直し案を提示した。それを示したのが図表2－2である。

厚生労働省の提案は新聞やテレビで大きく報道され、手厳しく批判された。2004年の公的年金制度の改革において、政府は「100年安心できる公的年金制度」が実現した、と述べたからである。しかし、その後の日本経済の動向は「100年安心できる公的年金制度」の前提となる2004年当時の日本経済の見通しとは大きく異なるものであった。

加えて、その後の平均寿命の伸長や次節にみる欧米主要国の公的年金制度改革の動向等を考えると、65歳支給開始を維持することは年金財政の運営を難しくし、支給開始年齢を68歳とか70歳へと引上げるのが妥当であると言わざるを得ない状況にある。

(3)　欧米の支給開始年齢の動向

図表2－3に示したように、一部の欧米諸国ではすでに65歳を上回る年金支給開始年齢への引き上げを進めている。先陣を切ったのはアメリカである。現在、65歳から67歳への引き上げ過程にあり、2027年には67歳支給開始となる。2021年現在、すでに66歳となっている。イギリスは、たびたび支給開始年齢の引上げ計画を変更してきており、

図表2－3　主要国の公的年金支給開始年齢

国	高齢化率（65歳以上の割合）（2020年）	平均寿命（2020年）		公的年金支給開始年齢		平均寿命までの支給期間（引き上げ完成時）	
		男	女	引上げ	引上げ期間	男	女
日本	28.4	82歳	88歳	60歳⇒65歳	2001⇒2025	18年	24年
アメリカ	16.6	77	82	65歳⇒67歳	2001⇒2027	11年	16年
イギリス	18.7	80	83	65歳⇒67歳	2018⇒2028	14年	17年
ドイツ	21.7	80	84	65歳⇒67歳	2012⇒2029	14年	18年

資料出所：（独）労働政策研究・研修機構「データブック国際労働比較」、各国政府ホームページ等による

2021年現在は66歳であり2028年に67歳支給開始となるが、平均寿命の変化等に応じて今後変更する可能性があると当局は述べている。ドイツでも2012年から2029年にかけて65歳から67歳へと引き上げつつあり、2021年現在66歳となっている。

以上に関連して、**図表２－４**では公的年金の「平均寿命までの支給期間」を各国比較している。支給開始年齢は、現在各国で進められている引き上げ計画終了時の到達年齢とした。公的年金の「平均寿命までの支給期間」は日本の男性は18年間である。アメリカはどうかというと11年間に過ぎない。イギリスおよびドイツは14年間である。主要国の年金支給期間はわが国よりはかなり短いことが分かる。女性に関してもほぼ同様である。わが国の支給期間の長さが際立っている。

図表２－４　公的年金の支給期間

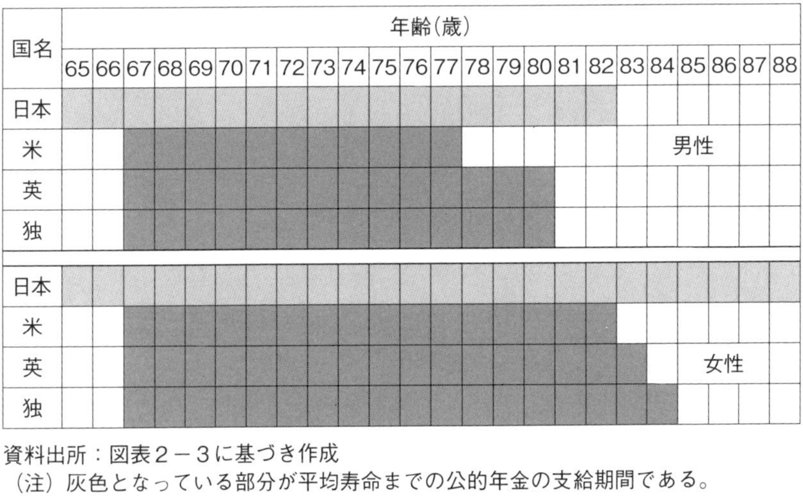

国名	年齢（歳）																							
	65	66	67	68	69	70	71	72	73	74	75	76	77	78	79	80	81	82	83	84	85	86	87	88
日本																								
米																					男性			
英																								
独																								
日本																								
米																								
英																						女性		
独																								

資料出所：図表２－３に基づき作成
（注）灰色となっている部分が平均寿命までの公的年金の支給期間である。

図表２－３にみるように、日本ほどには高齢化が進んでいない米、英、独ですら公的年金財政の健全化のために年金支給開始年齢を引き上げて、年金支給期間の短縮に向かっている。この事実からすると、わが国は支給開始年齢を現在予定している65歳ではなくそれ以上の年

齢へと早急に引き上げなければならない立場にある。

老後生活のための十分な資産形成のできた者はともかくとして、大多数の労働者は年金支給開始年齢までは働き続けざるを得ないのが実情であり、これからの時代、少なくとも現在の支給開始年齢の65歳まで、できたら68歳とか70歳までは働き続けざるを得ないと思われる。

2　高齢者の生活安定策と公的年金

⑴　高齢期の収入確保手段

第1章で見たように、わが国では急速に高齢化が進行し、高齢者が激増しつつある。高齢者の生活安定を図ることはわが国の重要な政策課題である。

高齢者の生活安定を図るには、高齢期の生活を賄うことのできる収入の確保が最も重要である。高齢期の収入確保手段を整理したのが図表2－5である。収入確保手段は、大きくは自助努力と社会保障に分けて、自助努力はさらに3種類に分けることができる。

自助努力の第1は「長期的努力」である。若い頃からの長期的な資産形成により、高齢期に定期的に収入を得ることや資産を取り崩すことが可能となる。具体的には個人貯蓄や個人年金、あるいは保有する株式からの配当などを指摘できる。また、企業年金を含む退職金も長期勤務の結果として獲得できる資産である。

第2は「短期的努力」であり、高齢期も働き続けて生活に必要な収入を確保するという手段である。働くことのできる仕事があることが大前提であり、健康面でも問題のないことが前提となる。第3章で述べるように、70歳就業法により、どの企業でも従業員が70歳まで就業できる制度を用意しなければならないとする努力義務が課せられている。70歳までの就業可能性が高まったのである。

第3は「個人的条件」であり、子供や配偶者による支援によって生活を安定させる、という手段である。この手段はすべての高齢者が利用できる手段ではなく、家族の有無や家族の置かれた状況によって左右されることとなる。

高齢者の生活安定を図る手段として社会保障制度がある。具体的には公的年金制度と生活保護制度である。公的年金制度は高齢者の生活安定を図ることを目的として国が構築した制度である。高齢者の誰もが利用できる制度である。

生活保護制度は、高齢者に限らず、最低限の生活を送ることの難しい国民に対して国が差し伸べる生活安定支援策である。一定の条件を満たせば、高齢者を含め誰でもが利用できる制度ではあるが、高齢者の生活安定策として考えられた制度ではなく、高齢期の生活安定のための主たる手段としては不適切な制度である。現実には、高齢者で生活保護の適用を受ける人数は長期的に高まる傾向にある。

図表２－５　高齢期（60歳以降）における収入確保の手段

手段の分類		収入確保の方法
大分類	区分	
自助努力（自己責任）	長期的努力	個人貯蓄、退職金（企業年金を含む）、個人年金、資産収入（利息、配当、…）
	短期的努力	勤労収入
	個人的条件	家族による支援、家族と同居
社会保障	公的年金（厚生年金保険等）	基礎年金、報酬比例年金
	公的扶助（生活保護）	生活保護手当

以上のように、高齢期（60歳以降）における収入確保の手段には様々な手段、手法があるが、大多数は高齢期までに老後生活を賄うに足る十分な資産形成を図ることができない。また家族による十分な支援も得られそうにはないのが実情である。多くの高齢者は、公的年金の支給開始年齢までは働き続けざるを得ない状況にある。

2021年現在の定年年齢は60歳であるのが一般的であるから、安定した雇用と老後の生活資金となる公的年金の支給開始年齢とのギャップが広がりつつある。このギャップを埋めるべく、政府は2004年に65歳まで引き続き継続勤務できる仕組みの設置を企業の義務（65歳までの雇用措置義務）としたのである。高齢者の生活安定のために65歳まで安定した収入が得られるようにとの配慮からである。

2021年からは一歩進んで、高齢者を65歳まで雇用してきた企業は高齢者を何らかの形で70歳まで就業できるようにしなければならないとする努力義務（70歳までの就業措置義務）を企業に課したのである。

⑵　マクロ経済スライドと公的年金水準の低下

公的年金の給付額は、長らく賃金スライド制が適用されていたことから、消費者物価上昇率以上の上昇を続けてきた。公的年金の給付額の実質的な価値は高まる方向にあったのである。

しかし、2005年にマクロ経済スライド制が導入され、現役世代の保険料負担が過重なものとならないよう公的年金給付水準を調整することになり、給付水準は物価の上昇率以上には改定しないこととなった。

将来の公的年金の給付水準がどうなるかは物価上昇率、賃金上昇率、年金資産の運用利回りなどに大きく左右されるから将来予測はまったく不可能であるが、所得代替率がどう推移するかでおおよその見通しを考えることができる。ここで、所得代替率とは次の算式で求める。

$$\text{所得代替率(62.7\%)} = \frac{\text{夫の厚生年金(9.0万円)+夫婦の基礎年金(12.8万円))}}{\text{現役男子の手取り収入(34.8万円))}}$$

（注）　（　）内の数値は2014年度の数値である。

2014年の所得代替率は62.7％であった。すなわち、「現役男子の手取り収入」の平均金額の62.7％に相当する公的年金額が支給されたこととなる。

2014年の公的年金の財政再計算では、所得代替率は図表２－６に示す見通しとなっている。その試算結果によれば、2014年現在62.7％であった所得代替率は次第に低下して2040年代には下限の50％にかなり接近するものと見通されている。

図表２－６　所得代替率の見通し（試算値）

（単位：％）

ケース	試算の前提条件				所得代替率				
	経済成長率（実質）	物価上昇率	賃金上昇率（実質）	運用利回り（実質）	2014年度	2019年度	2030年度	2043年度	2050年度
C	0.9	1.6	1.8	3.2	62.7	60.0	56.9	51.0	51.0
E	0.4	1.2	1.3	3.0	62.7	59.7	56.5	50.6	50.6
G	▲0.2	0.9	1.0	2.2	62.7	59.9	53.8	*50.0	—

資料出所：厚生労働省ホームページ「財政検証結果から読み解く年金の将来」
（注）１　実質とは、いずれも物価上昇率に対する実質概念であり、成長率、上昇率、利回りのいずれについても、物価上昇率を上回る部分である。
２　＊印の50.0は2038年度を示している。

現在の公的年金制度では、上述のように所得代替率は低下していくこととなるが、年金給付額は物価スライド制が適用されることから公的年金給付額の実質価値が低下することはない。しかし、平均寿命の伸長や経済変動によって、年金支給開始年齢の引上げや公的年金支給水準の低下などの公的年金制度改革が将来十分にあり得ることを忘れてはならない。

(3)　老後資金形成の重要性

2019年６月に金融庁の金融審議会から「高齢社会における資産形成・管理」と題する報告書が公表された。

同報告書をめぐっては、「年金収入では暮らせない」とか「金融庁、老後資金は2000万円不足」、「100年安心詐欺だ」との批判が殺到し、「2000万円不足問題」として国会審議でも野党が政府を追及した。

報告書には「夫65歳以上、妻60歳以上の夫婦のみの無職の世帯では毎月の不足額の平均は約５万円であり、まだ20～30年の人生があるとすれば、不足額の総額は単純計算で1,300万円～2,000万円になる。この金額はあくまで平均の不足額から導きだしたものであり、不足額は各々の収入・支出の状況やライフスタイル等によって大きく異なる。」との記述があり、この部分での「2000万円不足」が取り出されて大きな問題となったものである。

高齢夫婦無職世帯（夫65歳以上、妻60歳以上）の家計収支をみると年金収入が主たる収入であり、収入は月20万9,198円である一方、支出は月26万3,718円と約５万円の不足（報告書資料）から、上記の記述となったものである。

報告書は、老後の生活安定のための資産形成を促進するために、若い頃からの長期にわたる資産形成の重要性について関心を持たせる狙いが込められており、「2,000万円不足」が強調されすぎて報告書の狙いがかすんでしまった感がある。

長期にわたる資産形成は、老後生活の安定のみならず、老後に至る様々な時期の資金ニーズに対応する上でも重要なことは言うまでもない。本書のテーマとの関係で言うならば、老後生活の安定のためには、70歳就業法の下で、可能な限りいつまでも働くことを通じて老後生活の安定を図ることの重要性を強調しておきたい。

⑷　70歳就業法と公的年金の繰り下げ受給

老後生活のための資産形成が十分ではない、公的年金の受給額がどうも十分な水準ではない、家族の支援も受けられそうにはないといった高齢者は、老後生活安定のためにどうしたら良いであろうか。

そのような厳しい見通しの高齢者は可能な限り働き続けることが重要な解決策となる。2021年４月から施行された70歳就業法（2020年改正高年齢者雇用安定法）は次章でその詳細を見るが、同法は企業に対して従業員が70歳まで就業できるように「高齢者就業確保措置（努力義務）」の実施を求めている。70歳まで就業できる可能性が高まったのであり、70歳までの就業と以下で述べる公的年金制度の繰り下げ制度を併用するならば、70歳以降の公的年金受給額をかなり高めることが可能となり、老後生活を安定化させると思われる。

公的年金の受給開始年齢は原則65歳である。しかし年金受給者の様々なニーズに対応するために、受給開始年齢を早めたり、遅くしたりすることが可能な制度となっている。2022年４月からは、受給開始年齢の選択範囲は「60歳～70歳」から「60歳～75歳」へと広げられることとなった。受給開始年齢を早めたり遅くしたりすると、図表２－７に示したように年金受給額は変化することとなる。

たとえば、65歳から月当り15万円の年金額であれば、70歳からの受給に繰り下げるとすると、月当り21.3万円（＝15万円×1.420）の年金額となる。

図表２－７　公的年金の繰り上げ・繰り下げ受給に伴う年金額の増減率

開始年齢	公的年金減額率(%)	開始年齢	公的年金増額率(%)	開始年齢	公的年金増額率(%)
60歳	△24.0	65歳	0.0	70歳	42.0
61	△19.2	66	8.4	71	50.4
62	△14.4	67	16.8	72	58.8
63	△9.6	68	25.2	73	67.2
64	△4.8	69	33.6	74	75.6
				75	84.0

資料出所：日本年金機構ホームページ
（注）図表に掲げた数値は2022年４月以降に適用される。それ以前は、60～64歳までの１か月あたり減額率が△0.5％であり、60歳時点の減額率は30.0％である。また、71歳から75歳までの繰り下げ受給は認められない。

3　高齢者の高い就労意欲

(1)　高齢者の就労希望年齢

65歳あるいは70歳まで、更にはそれ以上の可能な限り長い勤労生活を政府が高齢者に望んだとしても、肝心の高齢者がそのように長く働くことを望まないとするならば、政府が70歳就業法に基づき、企業に求めている雇用措置義務や就業措置義務は「絵にかいた餅」となる。そこで高齢者の就労意欲をみておく必要がある。幸いなことに、以下にみるように、わが国の高齢者の就労意欲は極めて高い。

図表２－８は、60歳以降の収入を伴う就労の意向と就業希望年齢についての調査結果である。55-59歳男性についてみると、「65歳くらいまで」とする者が37.4％を占めて最も高く、次いで「70歳くらいまで」が23.8％である。「働けるうちはいつまでも」とする者は17.5％であり、これに「70歳くらいまで」、「75歳くらいまで」及び「75歳以上」とする者を加算すると47.1％となることから、55-59歳男性の約半数は「70歳くらいかそれ以上の年齢」までは働きたいとする意向を有している。その点を男性の他の年齢層でみると、「50-54歳」は49.8％、「60-64歳」は55.2％となっている。

同様に女性についてみると、４割から５割は「70歳くらいかそれ以上の年齢」までは働きたいとする意向を有している。

図表２－８で利用した調査では、様々な属性別に「60歳以降の就労意向と就労希望年齢」を示しており、それを見ると世帯年収の低い世帯ほど、そして貯蓄が少ない世帯ほど、「働けるうちはいつまでも」働きたいとする者が多い。

図表２－８　60歳以降の就労意向と就労希望年齢

（単位：％）

就労希望年齢	男性			女性		
	50-54歳	55-59歳	60-64歳	50-54歳	55-59歳	60-64歳
合計	100.0	100.0	100.0	100.0	100.0	100.0
65歳くらいまで	38.1	37.4	34.0	32.6	38.0	30.6
70歳くらいまで(*)	19.3	23.8	35.3	10.7	13.1	23.5
75歳くらいまで(*)	6.6	5.8	6.1	3.0	2.3	3.1
75歳以上(*)	-	-	0.3	-	-	0.3
働けるうちはいつまでも(*)	23.9	17.5	13.5	33.9	20.8	16.5
60歳以降は仕事をしたくない	8.6	10.2	8.7	13.3	17.2	15.0
わからない	3.6	4.4	1.6	5.6	6.3	9.5
無回答	-	1.0	0.6	0.9	2.3	1.5
「70歳くらいかそれ以上の年齢」まで(*印の合計)	49.8	47.1	55.2	47.6	36.2	43.4

資料出所：内閣府「高齢期に向けた「備え」に関する意識調査」（2013年）

図表２－８よりは最近年の調査結果をみたのが図表２－９である。「何歳ぐらいまで仕事をしたいか」について60代の調査結果をみると、「年齢に関係なく、働けるうちはいつまでも働きたい」とする者は男女とも３割ほどを占めている。「何歳ごろまで仕事をしたいか」について具体的に年齢を挙げた者の希望平均年齢をみると、60代前半層は68歳程度、60代後半層は72歳程度となっている。

以上の結果から60代で就業している者は70歳前後までは働きたいとしており、高齢者の就業意欲は極めて高いと推測することができる。

図表2－9　収入を伴う就業の希望年齢

（単位：％）

就業の希望年齢	男性		女性	
	60-64歳	65-69歳	60-64歳	65-69歳
計	100.0	100.0	100.0	100.0
X歳まで働きたい （X歳の平均値）	53.2 （68.3歳）	36.8 （71.9歳）	32.3 （67.8歳）	23.2 （71.7歳）
年齢に関係なく、働けるうちはいつまでも働きたい	32.7	33.0	34.0	29.2
すでに仕事を辞めている	12.1	27.1	28.0	36.7
仕事についたことがない	0.1	0.8	2.4	6.0
無回答	1.9	2.4	3.2	4.8

資料出所：（独）労働政策研究・研修機構「60代の雇用・生活調査」（2020年）
（注）　調査対象は60～69歳の5,000人である。

⑵　高齢者の就労希望理由

わが国のサラリーマンは、定年に到達してもなお引き続き働きたがると以前から言われてきた。その理由として、「会社人間となっているから、仕事を取り上げると元気さを失ってしまう」、「ボランティア活動が社会に根付いていないから、ボランティア活動ができない」とか、「地域活動をしたことがないから、地域社会に溶け込めない」、「住宅が狭いことから家に閉じこもることができない」などいろいろなことが指摘されてきている。そこで、日本人は、どうして高齢となるまで働くことを望んでいるのかを調査でみてみよう。

図表２－10は就業している60歳台層がどのような理由で就業しているかをみた結果である。働いた理由（複数回答）では、男性は７割以上の者が「経済上の理由」を指摘し、次いで「いきがい、社会参加のため」、「健康上の理由（健康に良いなど）」が続いている。女性についても類似した傾向をみることができる。男性、女性とも「時間

に余裕があるから」とする者も比較的多いことが分かる。

以上の働いた理由の中で、最も主要な理由は何であるかをみると、第２番目以降の理由を挙げた割合はいずれも低下し、「経済上の理由」が男女とも高い割合を示している。

図表２－８から図表２－10までの調査結果と進行しつつある年金支給開始年齢の引上げ、支給水準の低下を結び付けると、高齢者の就業意欲は今後高まることはあっても下がることはない、というように結論付けることができる。

図表２－10　60歳台層の働いた理由

（単位：%）

働いた理由		男性		女性	
		60-64歳	65-69歳	60-64歳	65-69歳
合計		100.0	100.0	100.0	100.0
働いた理由（複数回答）	経済上の理由	86.4	70.3	82.6	70.0
	健康上の理由（健康に良いなど）	20.2	30.0	18.6	18.8
	生きがい、社会参加のため	31.7	36.8	38.7	35.0
	頼まれたから	12.9	22.1	12.9	15.6
	時間に余裕があるから	15.6	26.2	28.2	29.4
	その他	8.7	10.4	7.2	6.9
	無回答	0.6	1.4	1.2	1.3
最も主要な理由	経済上の理由	74.9	56.7	69.4	61.3
	健康上の理由（健康に良いなど）	3.2	4.9	2.1	3.8
	生きがい、社会参加のため	8.2	12.0	10.8	14.4
	頼まれたから	3.6	7.6	4.5	3.8
	時間に余裕があるから	2.2	7.1	6.3	8.1
	その他	5.8	8.4	5.4	6.3
	無回答	2.1	3.3	1.5	2.5

資料出所：（独）労働政策研究・研修機構「60代の雇用・生活調査」（2020年）
（注）　この図表での集計対象は55歳時点で雇用者であった者である。

第3章
高齢者活用に向けた70歳就業法

1　高年齢者雇用安定法の変遷

高年齢者雇用安定法は、高齢者の雇用機会拡大の推進力として1986年に制定された法律である。同法は制定以降、数次にわたって改正され、高齢者の雇用拡大・雇用安定を推進してきた（図表3－1参照）。

図表3－1高年齢者雇用安定法の変遷

1986年	高年齢者雇用安定法の制定
1998年	60歳未満の定年の禁止
2000年	「高年齢者雇用確保措置(65歳まで)」の努力義務化
	①　定年の引き上げ
	②　定年制の廃止
	③　継続雇用制度(再雇用制度・勤務延長制度)の導入
2004年	「高年齢者雇用確保措置(65歳まで)」の義務化
2012年	対象労働者を制限する基準設定の撤廃
2020年	「高年齢者就業確保措置(70歳まで)」の努力義務化
	①　70歳までの定年引き上げ
	②　定年制の廃止
	③　70歳までの継続雇用制度(再雇用制度・勤務延長制度)の導入
	④　70歳まで継続的に業務委託契約を締結する制度の導入
	⑤　70歳まで継続的に社会貢献事業に従事できる制度の導入

法改正の重要な動きをたどると、1998年には定年制度のある企業における60歳未満の定年が禁止されて、60歳以上の定年制度が義務化された。2000年には、60歳定年後も65歳までの安定した継続勤務を可能とするように、定年の引上げ、定年制の廃止あるいは継続雇用制度（再雇用制度、勤務延長制度）の導入措置を企業が整備する努力義務

を課した。それが「高年齢者雇用確保措置」である。

さらに、2004年には大改正が行われ、60歳台前半層の雇用機会の確保策が一段と強化された。すなわち2004年改正法（2006年４月施行）では、希望するならば誰でもが60歳以降65歳まで引き続き就業できるように企業に対して、「高年齢者雇用確保措置」（定年の引き上げ、継続雇用制度の導入（再雇用制度または勤務延長制度）、定年制の廃止）の３つのオプションのうち、いずれか一つあるいは幾つかを組み合わせて65歳まで雇用することが義務付けられたのである。

2012年改正法においては、2004年改正法では利用可能であった継続雇用制度の対象となる従業員を制限する基準の設定ができなくなった。60歳台前半の高齢者の雇用継続が一段と強化されたのである。

高年齢者雇用安定法は、以上の改正により企業に対して60歳から65歳までの雇用を義務づけたことから、この時までの高年齢者雇用安定法のことを本書の中ではしばしば「65歳雇用法」と表現している。

2020年に行われた改正（2021年４月施行）では、65歳までの雇用義務はそのままとし、新たに65歳以降70歳までの従業員に対する「高年齢者就業確保措置」を企業が整備する努力義務を課した。

2　70歳就業法（改正高年齢者雇用安定法）のポイント

2020年に改正された高年齢者雇用安定法（70歳就業法）のポイントを示したのが図表３－２である。同図表から直ちに分かるように、改正法は65歳までの雇用確保（義務）についてはまったく変更はなく、新たに65歳から70歳までの就業確保（努力義務）が加えられたことである。企業に対して65歳から70歳までの就業機会の確保を義務付けていることから本書では「70歳就業法」と表現している。

図表3－2　「70歳就業法」の枠組み

(注)図表内での65歳雇用法、70歳就業法のいずれも高年齢者雇用安定法を指している。

70歳就業法のポイントを分かりやすく示したのが次の図表3－3である。

図表3－3　70歳就業法（改正高年齢者雇用安定法）のポイント

A：定年年齢が60歳を下回ることの禁止
B：従業員の60歳から65歳までの「高年齢者雇用確保措置」の義務
　①　65歳までの定年の引上げ
　②　定年の廃止
　③　65歳までの継続雇用制度（再雇用制度・勤務延長制度）の導入

C：従業員の65歳から70歳までの「高年齢者就業確保措置」の努力義務
<雇用による措置>
　①　70歳までの定年引き上げ
　②　定年の廃止
　③　70歳までの継続雇用制度（再雇用制度・勤務延長制度）の導入

<創業支援等措置（雇用によらない措置）>
　④　70歳まで継続的に業務委託契約を締結する制度の導入
　⑤　70歳まで継続的に社会貢献事業に従事できる制度の導入

D：労使協定による「高年齢者就業確保措置」の対象者の一部除外
E：継続雇用（再雇用、勤務延長）が許容される企業の範囲
F：離職する高齢者に対して、求職活動支援書の作成・交付
G：募集・採用の上限年齢を設定する際には、その理由の明示
H：高年齢者雇用確保措置の実施・運用に関する指針の策定

3　70歳就業法（改正高年齢者雇用安定法）の内容

以下では、図表３－３の各ポイントの具体的な内容について順に見ていくこととする。

A：定年年齢が60歳を下回ることの禁止

70歳就業法は、定年制度を設置する場合には60歳未満の定年年齢を定めることはできない、と規定している。なお、高年齢者が就業することが困難な業務についてはこの限りではないとしており、具体的な業務としては鉱業法で定める坑内作業が該当する。

B：従業員の60歳から65歳までの「高年齢者雇用確保措置」の義務

70歳就業法の第９条は、「65歳未満の定年を定める事業主は、65歳までの安定した雇用の確保を図るために、定年の引上げ、継続雇用制度の導入、定年制の廃止のいずれかの措置を講じなければならない（簡明にするために内容を一部変更）」と規定している。

ここで継続雇用制度は再雇用制度とか勤務延長制度が該当する。

「再雇用制度」とは、定年年齢に到達した者をいったん退職させた後、再び雇用する制度である。65歳までの「高年齢者雇用確保措置」のうち、最も広く利用されている制度である。

「勤務延長制度」は定年年齢が設定されたまま、定年年齢に到達した者を退職させることなく引き続き雇用する制度をいう。定年到達者の業務を引き継ぐ適切な従業員がいないので引き続き勤務してもらう、といったケースが一つの例である。

70歳就業法の重要なポイントは、どの従業員に対しても従業員が希望するならば60歳以降65歳まで働き続けることが可能となる制度の設置を企業に求めている点である。すなわち「希望者全員に対する65歳までの雇用」をどの企業に対しても強制している点である。サラリーマンの立場からすると、希望するならば65歳まで働ける法律上の保護を実現しているということである。

70歳就業法では、「定年の引上げ」および「定年の廃止」は、全社員に対して適用されるから、希望者全員に対する雇用延長であるとみている。ところが継続雇用制度（再雇用制度、勤務延長制度）についてみると、企業による対象者の選抜が長らく行われてきた。

2004年改正法（2006年４月施行）では、希望者全員に対する65歳までの継続雇用制度の即時実施は難しいとの現実的配慮から、労使協定で「対象者の基準」を定めたときは、希望者全員としないで一部の高齢者を適用除外することもできる、とした。しかし2012年改正法では、一歩進めて適用除外を認めず、希望者全員が継続雇用制度を利用できることとした。ただし、それまでに適用除外を行っていた企業には、報酬比例年金の支給開始年齢（前掲図表２－１参照）前の高齢者を除き、「対象者の基準」の利用を継続できることとなった。

なお、下記の「Ｄ：労使協定による就業確保措置の対象者の一部徐外」に記述したように、65歳から70歳までの就業確保措置は、企業の努力義務であり、労使協定により対象者を限定できることとなっている。

Ｃ：従業員の65歳から70歳までの「高年齢者就業確保措置」努力義務
＜雇用による措置＞

①　70歳までの定年引き上げ

現在60歳の定年年齢を引き上げて65歳とした場合には、65歳以降の就業確保措置を整備する努力が求められる。また、現在65歳の定年年齢を引き上げて、新たな定年年齢を67歳とした場合には、67歳から70歳までの就業確保措置を合わせて整備する努力が求められる。

②　定年制の廃止

現在は定年制が整備されている企業において、70歳就業法の施行に伴い定年制を廃止するとすれば、従業員は70歳まで、あるいは70歳以降も働けることとなるから就業確保措置が整備されたこととなる。

③　70歳までの継続雇用制度（再雇用制度・勤務延長制度）の導入

現在、定年年齢が63歳で、63歳から65歳まで継続雇用制度を実施している企業では、継続雇用制度の対象年齢を63歳から70歳とすれば、就業確保措置を整備したこととなる。

＜創業支援等措置（雇用によらない措置）の導入＞

次の④または⑤の創業支援等措置を導入する場合には、「過半数労働組合等（注）」の同意が必要である。

（注）「過半数労働組合等」とは何か

労働者の過半数を代表する労働組合がある場合にはその労働組合、そして労働者の過半数を代表する労働組合がない場合には労働者の過半数を代表する者である。

過半数を代表する者を選出する際には、

①　労働基準法第41条第２号に規定する監督または管理の地位にある者でないこと

②　創業支援等措置の計画に関する同意を行うことを明らかにして実施される投票、挙手等の方法による手続きで選出された者であって、企業の意向に基づき選出された者ではないこと

④　70歳まで継続的に業務委託契約を締結する制度の導入

「業務委託」とは、企業が必要とする業務を企業内で処理せず、企業外の業者あるいは個人に処理を委託することである。例えば、企業内で処理していたホームページの維持・修正・改定業務を業務委託するという例である。

「70歳まで継続的に業務委託契約を締結する制度の導入」とは、元

従業員が勤務先からの退職後も70歳まで引き続き就業できるように、元従業員が元勤務先との間で業務委託契約ができる制度の導入を求めているのである。

制度導入にあたっての細かな必要事項は、本章末の参考資料「創業支援等措置を実施する場合の手続き等」の中で示している。この制度を簡単に述べると、元勤務先が元従業員を70歳までフリーランサーとして活用してくれ、ということである。

⑤　70歳まで継続的に社会貢献事業に従事できる制度の導入

「70歳まで継続的に社会貢献事業に従事できる制度の導入」での「社会貢献事業」とは、不特定かつ多数の者の利益に資することを目的とした事業のことである。特定の事業が「社会貢献事業」に該当するかどうかは、事業の性質や内容等を勘案して個別に判断されることになる。例えば、以下のような事業は、70歳就業法における「社会貢献事業」に該当しない。

・特定の宗教の教義を広め、儀式行事を行い、信者を教化育成することを目的とする事業
・特定の公職の候補者や公職にある者、政党を推薦・支持・反対することを目的とする事業

また、70歳就業法における「社会貢献事業」に該当するのは次の2種類であるとしている。

ａ．企業が自ら実施する社会貢献事業
ｂ．企業が委託、出資（資金提供）等する団体が行う社会貢献事業

ここで「出資（資金提供）等」とは、自社以外の団体が実施する社会貢献事業に元従業員が従事できる制度を選択する場合、自社から団体に対して、事業の運営に対する出資（寄付等を含む）や事務スペースの提供など社会貢献活動の実施に必要な援助を行っている必要があ

る、ということである。

「団体」とは、公益社団法人に限らない。委託、出資（資金提供）等を受けていて、社会貢献事業を実施していれば社会貢献事業以外も実施していても、どんな団体でも良い。

他の団体で上記b.の社会貢献事業を行う場合、自社と団体との間で、当該団体が従業員に対して社会貢献活動に従事する機会を提供することを約する契約を締結する必要がある。

創業支援等措置を実施する場合の手続き等の詳細については、本章末に掲げた「参考資料：創業支援等措置を実施する場合の手続き等」に記載されている。

D：労使協定による就業確保措置の対象者の一部徐外

70歳就業法では、65歳から70歳に適用される「高年齢者就業確保措置」は企業の努力義務であることから、対象者を限定する基準を設けることが可能であり、基準を満たさない従業員を就業確保措置の対象者から外すことが可能である。

ただし、対象者基準を設ける場合には、次の事項に留意する必要がある。

① 「対象者の基準」の内容は原則として労使に委ねられ、企業と過半数労働組合等との間で十分に協議した上で、過半数労働組合等の同意を得ることが望ましいこと

② 労使間で十分に協議の上で設けた基準であっても、恣意的に高年齢者を排除しようとするなど法の趣旨や、他の労働関係法令・公序良俗に反するものは認められないこと

厚生労働省が示した「対象者の基準」として適切な事例を示したのが図表３－４である。幾つかを組み合わせることも可能である。

図表３－４　「対象者の基準」の事例

分野	基準として適切な事例
働く意思・意欲	・引き続き就業することを希望している者 ・65歳退職後も会社で勤務に精勤する意欲がある者 ・本人が再雇用を希望する意思を有する者 ・再雇用を希望し、意欲のある者 ・勤労意欲に富み、引き続き就業を希望する者 ・65歳退職○年前の時点で、本人に再雇用・就業継続の希望を確認し、気力について適当と認められる者
勤務態度	・過去○年間の出勤率○％以上の者 ・懲戒処分該当者でないこと ・人事考課、昇給査定において、著しく評価が悪くないこと ・無断欠勤がないこと
健康	・直近の健康診断の結果、業務遂行に問題がないこと ・直近○カ年の定期健康診断結果を産業医が判断し、就業上、支障がないこと ・65歳以降に従事する業務を遂行する上で支障がないと判断されること ・65歳退職○年前の時点で体力について適切と認められる者 ・体力的に勤務継続可能である者 ・勤務に支障がない健康状態にある者
能力・経験	・過去○年間の賞与考課が管理職○以上、一般職○以上であること ・過去○年間の平均考課が○以上であること ・人事考課の平均が○以上であること ・業績成績、業績考課が普通の水準以上あること ・工事・保守の遂行技術を保持していること ・職能資格が○級以上、職務レベル○以上 ・社内技能検定○級以上を取得していること ・建設業務に関する資格を保持していること ・技能系は○級、事務系は実務職○級相当の能力を有すること ・65歳時管理職であった者、又は社内資格等級○以上の者 ・○級土木施工管理技士、○級管工事施工管理技士、○級建築施工管理技士、○級造園施工管理技士、○級電気工事施工管理技士等の資格を有し、現場代理人業務経験者又は設計者である者 ・企業に設置義務のある資格又は営業人脈、製造技術、法知識等の専門知識を有していること

技能伝承等その他	・指導教育の技能を有する者 ・65歳退職後直ちに業務に従事できる者 ・自宅もしくは自己の用意する住居より通勤可能な者 ・勤続○年以上の者

資料出所：厚生労働省「継続雇用制度の対象者基準事例集」
（注）ここに掲げた事例集は、65歳雇用法制定時に厚生労働省が示した資料であることから、70歳就業法に適合するように一部内容を変更している。

また、厚生労働省は基準設定として不適切な事例を幾つか示している（図表３－５）である。

図表３－５　基準設定として不適切な事例

設定した基準	不適切である理由
会社が必要と認めた者に限る	基準がないことと等しく、改正の趣旨に反する
上司の推薦がある者に限る	同上
男性（女性）に限る	男女差別に該当する
組合活動に従事していない者に限る	不当労働行為に該当する

資料出所：厚生労働省「高年齢者雇用安定法Ｑ＆Ａ（高年齢者就業確保措置関係）」

70歳就業法により企業の義務となっている65歳までの「高年齢者雇用確保措置」は、65歳雇用法時代の初期（2000年～2004年）には企業の努力義務であり、その後も一定の条件の下で企業は対象者を限定することが可能であった。図表３－６はその頃、企業が再雇用制度の対象者を限定するためにどのような基準を利用したかを示す統計である。

広く利用された基準としては、「働く意思・意欲のあること」および「健康上、支障のないこと」をまず指摘できる。この両者は勤務する以上、ある意味では当然の基準である。

重要であるのはそれ以外の基準である。それをみると、「出勤率・勤務態度」および「一定の業績評価」をまず指摘できる。この両者は、定年到達までの働き振りがどうであったかを判断基準とするものである。具体的には、人事評価がどうであったか、ということとなる。

「現職を継続できること」、「会社が提示する職務内容に合意できること」は、会社の業務上のニーズと合った業務を担当できるかどうか、という基準である。

図表3－6　再雇用者の対象となる者の基準

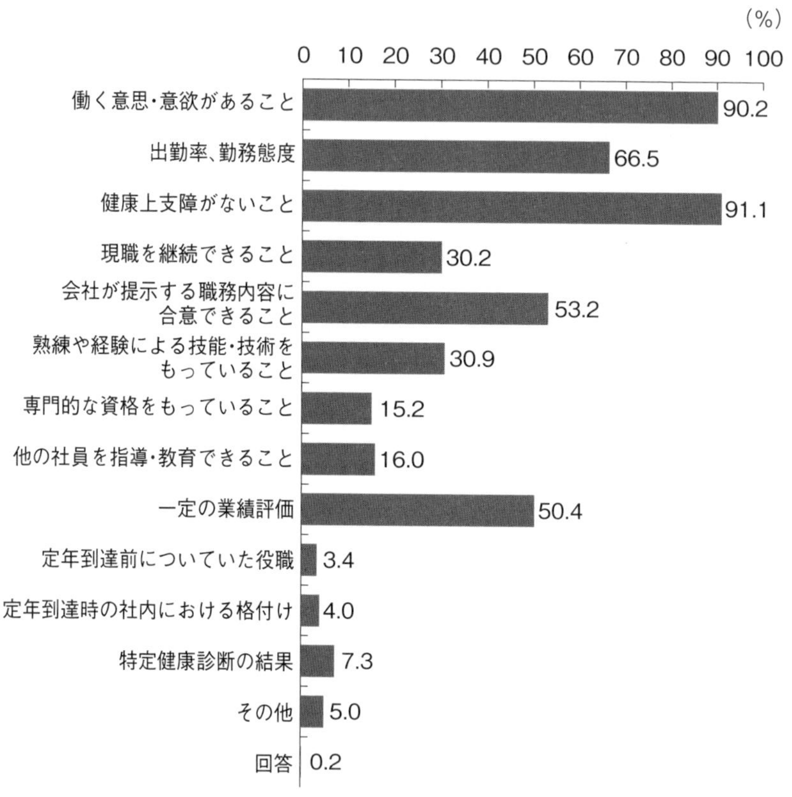

資料出所：(独)労働政策研究・研修機構「高齢者の雇用・採用に関する調査」(2010年)

E：継続雇用（再雇用、勤務延長）が可能な企業の範囲

継続雇用制度の対象となる高年齢者が雇用される企業の範囲は、60歳から65歳までの場合と、65歳から70歳までの場合とでは以下の様に異なっている。

① 60歳～65歳：自社、特殊関係事業主
② 65歳～70歳：自社、特殊関係事業主、特殊関係事業主以外の他社

特殊関係事業主とは、自社の①子法人等、②親法人等、③親法人等の子法人等、④関連法人等、⑤親法人等の関連法人等を指している。

図表３－７に示している矢印は、矢印の先端の企業へと労働者を異動させることを通じて継続雇用を実施することが可能であることを示している。

例として企業Ｘを基準に考えたときに、企業Ｘの60歳定年到達者を親会社で継続雇用しても、企業Ｘの子会社、関連会社で継続雇用しても70歳就業法が求める高齢者雇用確保措置を実施したこととなる、ということである。

なお、子会社は議決権を50％保有している企業、関連会社は議決権を20％以上保有している企業であり、その範囲の詳細は施行規則において定められている。

図表３－７　継続雇用が許容される企業の範囲（60～65歳の場合）

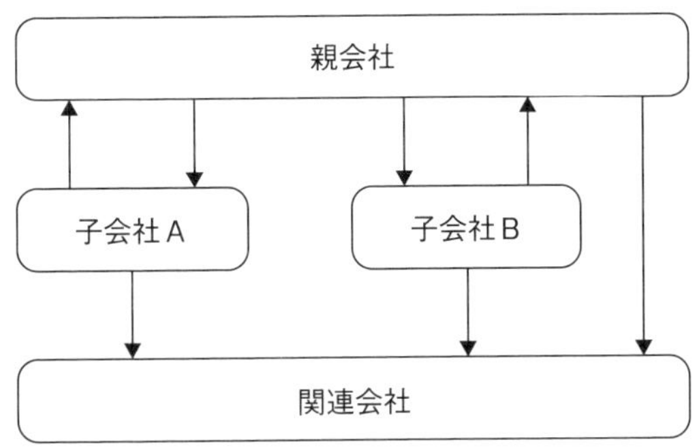

資料出所：厚生労働省の法改正説明資料

65歳～70歳については、継続雇用が許容される企業の範囲に、特殊関係事業主以外の他社を含めることが可能であり、極めて広範囲の企

業まで法律上は許容されるということである。

なお、特殊関係事業主等（特殊関係事業主または特殊関係事業主以外の他社）で継続雇用する場合には、次の３点に留意する必要がある。

① 自社と特殊関係事業主等との間で、特殊関係事業主等が従業員を継続して雇用することを約する契約を締結する必要がある。この契約は、書面により締結することが望ましい。

② 他社で継続雇用する場合、継続雇用の対象となる従業員の知識・経験・能力が活用されるニーズ・業務があるかを十分に協議した上で、自社と他社との間での契約を締結することが望ましい。

③ 他社で継続雇用する場合も、可能な限り個々の従業員のニーズや知識・経験・能力等に応じた業務内容および労働条件とすることが望ましい。

Ｆ：離職高齢者への求職活動支援書の作成・交付

70歳就業法は第17条で、「離職する高齢従業員に対して、求職活動支援書の作成・交付」を求めており、2004年の法改正で盛り込まれたものである。企業都合の解雇等により離職する高齢従業員等が希望するときは、円滑な再就職を促進するために、事業主が当該高齢従業員の職務の経歴、職業能力等の再就職に役立つ事項および企業が実施する再就職援助措置を記載した書面（求職活動支援書）を作成して、交付しなければならないこととされているのである。求職活動支援書には、高齢従業員が自主的に職務経歴書を作成する際の参考情報が盛り込まれており、在職中のなるべく早い時期から主体的に求職活動を行うことができるようにするための支援である。

なお、求職活動支援書の様式は自由であるが記載しなければならない事項は厚生労働省令で規定している。

G：募集・採用の上限年齢設定の理由明示

2007年の雇用対策法の改正により、労働者の募集・採用に際して、原則として年齢制限を行うことが禁止された。また高年齢者雇用安定法でも2004年の改正で年齢制限をさせないための条文が盛り込まれた。70歳就業法第20条の「募集・採用についての理由の提示等」とは、募集・採用に関して、企業が65歳以下の者の募集・採用を目指す場合には、何故65歳以下に限定するのか、その理由を求職者に対して示さなければならない、とする内容である。

「35歳未満に限る」とか「45歳程度まで」という形で高齢者を排除する求人が少なくないが、雇用対策法および70歳就業法は、そのような求人を無くすこと、そして募集・採用に関してはどの企業でも65歳までの者に均等の機会を付与すること、年齢差別をしないことを求めているのである。

なお70歳就業法では、合理的な理由が存在するならば、募集・採用の年齢制限を行なうことは可能である。雇用対策法施行規則で合理的であると認められているケースを例示すると、①定年年齢未満の労働者を長期雇用の対象として、定年年齢を上限として募集・採用する場合、②新規学卒者を長期勤続によるキャリア形成を図る観点から長期雇用の対象として募集・採用する場合、③技能・ノウハウの継承のため特定の年齢層に限定して長期雇用の対象として募集・採用する場合、等である。

H：高年齢者雇用確保措置の指針

「高年齢者雇用確保措置の実施・運用に関する指針」（以下、指針と表現）とは、企業が70歳就業法にしたがって、企業内で高齢者の継続雇用を行うときのガイドラインである。指針の全ては厚生労働省ホームページ

（http://www.mhlw.go.jp/seisakunitsuite/bunya/koyou_roudou/koyou/koureisha/topics/dl/tp0903-560.pdf）に掲載されている。

指針のポイントは次の２点である。第１は「心身の故障のため業務に堪えられないと認められること、勤務状況が著しく不良で引き続き従業員としての職責を果たし得ないこと等就業規則に定める解雇事由又は退職事由に該当する場合には、継続雇用しないことができる」としている点である。

2012年改正法以前には、継続雇用の対象者を定める基準（対象者基準）が存在していたことから、基準に該当しない定年到達者については継続雇用しないことが可能であった。しかし2012年改正法により、2013年４月からは対象者基準が撤廃されることとなり希望すれば定年到達者の誰でも継続雇用されることとなった。それに対する経営側の反発もあり、定年到達者が就業規則に定める解雇事由又は退職事由に相当する場合には継続雇用をしなくても済むように指針で定められたのである。

第２のポイントは、賃金・人事処遇制度の見直しが必要な場合の留意事項を掲げていることである。留意事項は、①能力、職務等の要素を重視する制度に向けた見直しに努めること、②短時間勤務、隔日勤務などの制度の導入に努めること、③勤務形態や退職時期は多様な選択が可能な制度に努めること、である。

4　70歳就業法への企業の対応策

70歳就業法に対して、企業はどのように対応したら良いであろうか。

まず、現在の制度が「定年年齢70歳以上」、「定年制廃止」、「継続雇用制度の上限年齢が70歳以上」のいずれかを満たす企業は、すでに70歳就業法への対応は完了している。

以上に当てはまらない企業は何らかの対応が必要となる。それらの企業のうち、「定年年齢70歳以上」及び「定年制廃止」のいずれかを新たに実施するならば、70歳就業法への対応は完了するが、現実にはいずれも実施するのはかなり難しいことから、実施できない企業が大半である。

では企業はどうしたらよいか。「創業支援等措置」を利用するかどうかで対応策を分けて考えたい。

まず、利用しない企業について考えよう。これらの企業は、現在の定年年齢は69歳以下であるから、定年年齢を出来るだけ引き上げて、定年後は70歳まで継続雇用制度を利用して70歳就業法への対応を行う。あるいは現在の定年年齢はそのままとして、継続雇用制度の上限年齢を引き上げて70歳就業法への対応を実現する、という方法である。

次に、「創業支援等措置」を利用する企業について考えよう。この場合、現在の定年年齢は69歳以下であるから、現在の定年年齢はそのままとして、定年後はまず継続雇用制度を利用し、その後は70歳まで「創業支援等措置」を利用する方法、定年後は「創業支援等措置」のみを利用する方法が考えられる。

あるいは、現在の定年年齢を引き上げた上で、継続雇用制度と「創業支援等措置」を利用して70歳までの就業を確保するか、「創業支援等措置」のみで70歳までの就業を確保することが考えられる。

以上に述べてきた様々な対応策のうち、どの方法が最も利用されるであろうか。恐らく、大半の企業は「創業支援等措置」を利用しないと思われる。というのは「創業支援等措置」を実施するには厳しい条件が付されており（本章末参考資料参照）、その条件を満たすことは多くの企業にとってかなり難しいからである。したがって、大半の企業は「定年制＋継続雇用制度」によって70歳就業法へ対応すると思われる。継続雇用制度の中でも勤務延長制度よりは再雇用制度を利用するのが一般的であるから、「定年制＋再雇用制度」を多くの企業は採用するであろう。

＜第3章参考資料：創業支援等措置を実施する場合の手続き等＞

1　創業支援等措置の枠組み

創業支援等措置を実施する場合には、①計画の作成、②過半数労働組合等の同意の取得、③計画書の周知、④対象労働者との契約、を行う必要がある。

それぞれの具体的な内容は以下の通りである。

(1)　計画の作成

計画には、以下に掲げる事項を記載する。

①　高年齢者就業確保措置のうち、創業支援等措置を講ずる理由
②　高年齢者が従事する業務の内容に関する事項
③　高年齢者に支払う金銭に関する事項
④　契約を締結する頻度に関する事項
⑤　契約に係る納品に関する事項
⑥　契約の変更に関する事項
⑦　契約の終了に関する事項（契約の解除事由を含む）
⑧　諸経費の取り扱いに関する事項
⑨　安全および衛生に関する事項
⑩　災害補償および業務外の傷病扶助に関する事項
⑪　社会貢献事業を実施する団体に関する事項
⑫　①から⑪に加えて、創業支援等措置の対象となる労働者の全てに適用される事項

(2)　過半数労働組合等の同意の取得

(1)の計画について、過半数労働組合等の同意を得る必要がある。同意を得る際には、過半数組合等に対して、次の点を十分に説明しなければならない。

①　労働基準法等の労働関係法令が適用されない働き方であること
②　そのために1の計画を定めること
③　創業支援等措置を選択する理由

(3)　計画の周知

過半数労働組合等の同意を得た計画を、次のいずれかの方法により労働者に周知する必要がある。

①　常時当該事業所の見やすい場所に掲示または備え付け
②　書面を労働者に交付
③　電子媒体に記録し、それを労働者がモニター画面等で確認可能とすること

⑷　対象労働者との契約締結

対象となる個々の高年齢労働者と業務委託契約や社会貢献活動に従事する契約を締結する必要がある。

２　創業支援等措置の計画作成に関する留意事項

①　「業務の内容」に関する事項

業務の内容については、高年齢者のニーズを踏まえるとともに、高年齢者の知識・経験・能力等を考慮した上で決定し、契約内容の一方的な決定や不当な契約条件の押し付けにならないようにする必要がある。

②「支払う金銭」に関する事項

高年齢者に支払う金銭については、業務の内容や当該業務の遂行に必要な知識・経験・能力、業務量等を考慮することが必要である。また、支払期日や支払方法についても記載し、不当な減額や支払を遅延してはならない。

③「契約の頻度」に関する事項

個々の高年齢者の希望を踏まえつつ、個々の業務の内容・難易度や業務量等を考慮し、できるだけ過大又は過小にならないよう適切な業務量や頻度による契約を締結する必要がある。

④「納品」に関する事項

成果物の受領に際しては、不当な修正、不当なやり直しの要求又は不当な受領拒否を行わない。

⑤「契約の変更」に関する事項

契約を変更する際には、高年齢者に支払う金銭や納期等の取扱いを含め労使間で十分に協議を行なう。

⑥「安全・衛生」に関する事項

高年齢者の安全及び衛生の確保に関して、業務内容を高齢者の能力等に配慮したものとするとともに、創業支援等措置により就業する者についても、同種の業務に労働者が従事する場合における労働契約法に規定する安全配慮義務をはじめとする労働関係法令による保護の内容も勘案しつつ、当該措置を講ずる事業主が委託業務の内容・性格等に応じた適切な配慮を行うことが望ましい。

また、業務委託に際して機械器具や原材料等を譲渡し、貸与し、又は提供する場合には、当該機械器具や原材料による危害を防止するために必要な措置を講ずる必要がある。さらに、業務の内容及び難易度、業務量並びに納期等を勘案し、作業時間が過大とならないように配慮することが望ましい。

⑦「社会貢献事業を実施する団体」に関する事項

事業主が委託、出資等を行うNPO法人等が実施する社会貢献事業に高年齢者が従事する措置を講ずる場合には、事業主からNPO法人等に対するする個々の援助が、社会貢献事業の円滑な実施に必要なものに該当する必要がある。

3　創業支援等措置での契約締結時の留意事項

個々の高年齢者と業務委託契約等を締結する場合には、以下の事項について、留意する必要がある。

①　契約は書面により締結し、個々の高年齢者の就業条件を記載すること

②　契約を締結する高年齢者に計画を記載した書面を交付すること。

③　次の事項を十分に説明すること。

a　労働基準法等の労働関係法令が適用されない働き方であること

b　そのために上記の「1(1)「計画の作成」」で述べた計画を定めること

c　創業支援等措置を選択する理由

4　その他の留意事項

①　安全確保に関する留意事項

同種の業務に労働者が従事する場合における労働契約法に規定する安全配慮義務をはじめとする労働法制上の保護の内容も勘案しつつ、委託業務の内容・性格等に応じた適切な配慮を、当該措置を講ずる事業主が行うことが望ましい。

創業支援等措置により就業する高年齢者が、委託業務等に起因する事故等により被災したことを事業主が把握した場合には、主たる事務所を所管するハローワークに報告することが望ましい。

また、同種の災害の再発防止対策を検討する際に当該報告を活用することが望ましい。報告の方法・様式については、https://www.mhlw.go.jp/stf/newpage_14545.html、から必要な情報を入手することができる。

②　高年齢者からの相談への対応に関する留意事項

契約に基づく業務に関して、高年齢者から相談があった場合には誠実に対応する必要がある。

③　労働者性に関する留意事項

創業支援等措置での個々の高年齢者の働き方は、高年齢者があたかも事業主から直接雇われているかのように拘束されたり、指揮されたりするなどの働き方であってはならない。

資料出所：厚生労働省「高年齢者雇用安定法改正の概要」（厚生労働省ホームページから）

（注）　内容を一部変更している。

第2部

全社員統一型65歳定年制の推進

2021年４月に70歳就業法（＝改正高年齢者雇用安定法）が施行されて、企業には従業員の就業を70歳まで維持する努力義務が課せられた。企業は従業員の70歳までの活用を進めなければならなくなり、高齢者の雇用管理をどうしたらよいかの検討を迫られている。

企業の対応方法として、①定年年齢を出来るだけ低く抑えて（少なくとも60歳以上でなければならない）、その後は再雇用制度で出来るだけ対応する方法、②できるだけ定年年齢を引き上げて、定年後は70歳まで再雇用で対応する方法、③65歳以降は企業が仕事を保障するフリーランスとして就業させる、など様々なことが考えられる。企業の具体的な対応策については、第３章第４節で述べたところである。

70歳定年や定年制廃止も考えられ、実施している企業もある。アメリカやイギリスでは年齢差別禁止法の下、定年制廃止を実践している。しかし日本の現状からすると、70歳定年や定年制廃止はほとんどの企業には実施困難な状況にある。

70歳就業法に先立つ65歳雇用法（2021年３月までの高年齢者雇用安定法）の下では、企業には従業員の65歳までの雇用が義務付けられ、大多数の企業は「60歳定年制＋65歳までの再雇用制度」を利用してきた。再雇用制度の下で、多くの企業は、定年前とほとんど変わらない業務を担当させる一方、再雇用者の賃金や賞与を抑えて、従業員の仕事に対する「やる気」を低下させてきているという状況にある。

少なくとも70歳まで高齢者を大いに活用しよう、活用しなければならないという70歳就業法の今日、まず見直さなければならないのが広く利用されている「60歳定年制」である。

国は65歳定年制の推進に努めており、国家公務員、地方公務員の65歳定年制を2023年度から段階的に進めることとなった。労働者も労働組合も65歳定年制を求めている。60歳定年制を最も利用している大企業でも、65歳定年制を採用する動きがみられるようになってきた。

高齢者の活用が叫ばれる今日、定年制のあり方としては65歳定年制が最も望ましく、個々の企業にとっても望ましい。

65歳定年制に関しては、「全社員統一型65歳定年制」と「高齢者分離型65歳定年制」の２種類があるが、双方のメリット・デメリット（功罪）を丁寧に検討すると60歳台高齢者の保有能力がフルに発揮される「全社員統一型65歳定年制」が望ましい。

以下の第４章では、定年制と再雇用制度の現状と特徴を整理している。そして70歳就業法で企業に求められている65歳までの「雇用確保措置」義務に対応する主たる措置である65歳定年制と再雇用制度のメリット・デメリットを検討している。また、定年制廃止を採用する企業があることから、定年制廃止、およびそれと密接に関連する年齢差別禁止法についても言及した。

第５章では、65歳定年制の必要性、65歳定年制に対する政労使の姿勢、全社員統一型65歳定年制と高齢者分離型65歳定年制の比較・功罪を検討している。

第６章では、65歳定年制の実施事例を示し、新たに65歳定年制を導入する企業、すでに導入している企業の制度見直しの材料を提供している。

第４章
65歳定年制、再雇用制度の比較と年齢差別禁止

1　定年制と再雇用制度の現状

(1)　定年制の状況

図表４－１では、定年制がどのくらい広がっているかをみている。定年制を定めている企業の割合は95％を超えている。特に大企業においては、ほとんどすべての企業に定年制が存在する。定年制を定めていない企業は５％弱存在するが、そのほとんどは中小企業である。定めていない企業の例としては、①社員の中に中高齢者がほとんどいないことから、定年制について考える必要がない、②会社設立してからそれほど年月が経っていない、という例が多い。大企業にはほぼ必ず中高齢社員がいることから、定年制を用意しているのが普通である。

外食産業のマクドナルドが2006年に定年制を廃止して注目を浴びた。廃止の理由は、社内の年功序列意識を実力主義意識に切り替えて若手社員の能力を伸ばす企業文化を根付かせる狙いが込められていた。しかし2012年に再び定年制を復活させた。その理由は、実力主義の推進によりベテランが自身の業績を高めるために若手の育成に努めなくなったからであるとされている。また、石油業界の出光興産が社員も家族と考える家族主義的人事管理を推進して、株式上場に至るまでは定年制を整備していなかった。

図表４－１では、定年制が定められている企業において、定年年齢が全社員共通であるのかどうかも見ている。大企業、中小企業を問わず、圧倒的多数が社員全員一律に定年年齢を設定しており、ごく一部

の企業のみ職種別に定年年齢を設定している。

職種別定年制の例としては、たとえば事務職は65歳、製造現場職は60歳とするケースである。加齢とともに肉体的な職務遂行能力は低下することから業務内容を考慮して定年年齢を職種別に設定する、という理由である。定年年齢に差を設ける合理的な理由がある限り職種別定年制を制度化することは問題ないとされている。国立大学法人でも教員は65歳、事務職員は60歳という例が広くみられる。

図表４－１　定年制の設定状況（2017年）

（単位：%）

企業規模	全企業	定年制を定めている企業				定年制を定めていない企業
			全員一律に設定	職種別に設定	その他	
調査産業計	100.0	95.5(100.0)	(97.8)	(2.2)	(0.1)	4.5
1000人以上	100.0	99.3(100.0)	(91.8)	(7.2)	(1.0)	0.7
300～999人	100.0	99.7(100.0)	(94.2)	(5.8)	(0.1)	0.3
100～299人	100.0	98.0(100.0)	(97.2)	(2.7)	(0.1)	2.0
30～99人	100.0	94.2(100.0)	(98.5)	(1.5)	(0.0)	5.8

資料出所：厚生労働省「就労条件総合調査」（2017年）
（注）　引用した調査は、2017年以降、定年制に関して調査を実施していない。

図表４－２によれば、大企業、中小企業とも圧倒的多数が60歳定年としている。ただし、大企業の方が60歳定年とする企業の割合が高く、中小企業ほど60歳を上回る定年年齢とするところが多くなる。定年年齢が65歳である企業は16％強存在するが、その多くは300人未満の中小企業である。とくに30～99人の企業では65歳定年とする企業が２割近くになる。なお61歳から64歳までの定年年齢の企業や定年年齢を66歳以上とする企業はあまりみられない。

図表４－２　定年年齢の状況（2017年、2019年）

（単位：％）

企業規模	計	定年年齢						
		60歳	61歳	62歳	63歳	64歳	65歳	66歳以上
計	100.0	79.3	0.3	1.1	1.2	0.3	16.4	1.4
1000人以上	100.0	90.6	0.4	1.3	0.9	0.1	6.7	0.0
300～999人	100.0	87.2	0.4	1.4	1.5	0.1	9.2	0.2
100～299人	100.0	84.1	0.3	1.7	1.1	0.2	11.8	0.7
30～99人	100.0	76.7	0.3	0.9	1.2	0.4	18.8	1.7
人事院調査	100.0	84.2	2.8				12.9	

資料出所：厚生労働省「就労条件総合調査」（2017年）、人事院「民間企業の勤務条件等調査」（2019年）

（注）１　就労条件総合調査は、2017年以降、定年制に関して調査を実施していない。
　　　２　人事院調査の調査対象は50人以上企業である。

大企業では65歳定年制を導入している企業は依然として少ない。しかし少しずつ増えてきている状況にある。**図表４－３**は大企業で65歳定年制を導入している企業の一部を掲げておいた。

図表４－３　65歳定年制を導入した大企業（一部）

三菱ケミカル、東亜合成、ファンケル、レンゴー、サノヤス、ケーズデンキ、ホンダ、日本ガイシ、サントリー、北海道ガス、みずほ銀行、りそな銀行、阿波銀行、日本生命、明治安田生命、太陽生命、コマツ、富士電機、任天堂、白元、イオン、サトー・ホールディングス、マックスバリュ、ニッケ、ヤマト運輸、IHI、京阪電鉄、東京地下鉄、YKK、大和ハウス工業、オリックス、東洋インキ、王子製紙、すかいらーく

資料出所：全国紙等の報道に基づく

（注）ホールディングス（持株会社）名称の企業の多くについては、傘下の主要子会社を掲げた。

参考までに、多種多様なサラリーマンの中でも最も定年年齢の高い職業である大学教員の定年年齢についてみておこう。

国立大学法人では、以前から65歳定年を採用していたところは少なくなかったが、東京大学のように60歳定年を採用していたところもあった。しかし2013年４月からの報酬比例年金の支給開始年齢の65歳への段階的引上げの実施に伴い、軒並み65歳へと引き上げて、ほとんどすべての国立大学法人では65歳となった。教員の状況はそのようになるが、職員については60歳定年のままであり、定年後は民間企業の再雇用制度と類似した制度で雇用継続されている（注）。

（注）2021年の通常国会で国家公務員の定年年齢を2023年度から65歳に段階的に引き上げる国家公務員法の改正が行われたことから、国家公務員と勤務条件が極めて類似している国立大学法人も職員の定年年齢を2023年度から65歳に段階的に引き上げると思われる。

私立大学では、従来から65歳かそれ以上とするところがほとんどであり、68歳とか70歳とする大学が少なくない。むしろ最近までは68歳かそれ以上とする大学が一般的であった。しかし、近年、18歳人口の減少に伴う大学経営の悪化もあって、人件費削減の観点から68歳とか70歳の定年年齢を65歳へと引き下げる動きが強まっている。

私立大学の定年年齢は**図表４－４**に掲げておいた。私立大学では教員の定年年齢が以上のように65歳以上であることが一般的であることから、一部の私立大学では職員の定年年齢を65歳としている。

図表４－４　４年制私立大学の教員の定年年齢

（単位：法人数）

年	4年制私立大学教員の定年年齢							
	合計	60歳	61～64歳	65歳	66～67歳	68歳	70歳	71歳～
2003年	506	36	29	223	29	36	135	3
2008年	506	35	28	271	33	34	100	2
2015年	497	36	23	296	29	33	76	2
2020年	501	33	23	314	29	33	68	1

資料出所：2003年及び2008年は、日本私学振興・共済事業団「学校法人の経営改善方策に関するアンケート」報告、2015年及び2020年は（財）私立大

学退職金財団「退職金に関する実態調査」による。
（注）１　合計には「無回答、該当なし」（2003年15法人、2008年３法人）が含まれている。
２　2008年までと2015年からは、調査対象が異なっていることから統計数値の連続性が欠けていることに留意されたい。

(2)　再雇用制度の普及

70歳就業法が求める65歳までの「高年齢者雇用確保措置」義務への対応として、65歳以上の定年制あるいは定年制廃止を採用している企業は少数派であり、特に中堅以上の企業ともなると60歳定年制が一般的である（前掲図表４－２参照）。60歳以降65歳までの「高年齢者雇用確保措置」としては再雇用制度と勤務延長制度が利用され、特に再雇用制度が利用されている。普及状況を見たのが図表４－５である。

図表４－５　再雇用制度、勤務延長制度の普及状況（2017年）

（単位：％）

企業規模	計	再雇用制度、勤務延長制度の有無			
		勤務延長のみ	再雇用制度のみ	両制度併用	制度なし
計	100.0	9.0	72.2	11.8	7.1
1000人以上	100.0	1.6	89.6	6.3	2.5
300～999人	100.0	4.8	82.9	9.0	3.3
100～299人	100.0	6.3	79.5	11.1	3.2
30～99人	100.0	10.5	68.4	12.4	8.7

資料出所：厚生労働省「就労条件総合調査」（2017年）
（注）引用した調査は、2017年以降、再雇用制度等に関して調査を実施していない。

図表４－５から「再雇用制度のみ」に「両制度併用」を加えると100人以上の企業では約９割以上、30～99人企業業績では８割以上の企業に再雇用制度が普及している。この事実から、今日、70歳就業法の求める65歳までの「雇用確保措置（義務）」には再雇用制度で対応しているのが一般的であると言える。

では60歳定年を迎えた労働者は、企業が用意した再雇用制度をどの程度利用しているであろうか。その点をみたのが図表４－６である。500人以上の企業の2019年の状況についてみると、93.9％の企業で定年退職者が発生した。定年退職者の全て（100％）が再雇用制度を利用して再雇用者となった企業の割合は、定年退職者が発生した企業のうちの30.8％、同「80～100％未満」は33.1％、同「60～80％未満」は21.6％となっている。「100人以上500人未満」の企業については、それぞれ66.5％、8.9％、11.3％となっている。

以上のように、再雇用制度はあるものの制度を利用しない定年退職者が少なからず存在することを示している。

図表４－６　再雇用制度の利用状況（2019年）

（単位：％）

企業規模	定年退職者がいた	再雇用者の割合			
		60％未満	60～80％未満	80～100％未満	100％
規模計	100.0(72.3)	13.1	11.3	10.7	64.9
500人以上	100.0(93.9)	14.5	21.6	33.1	30.8
100人～500人未満	100.0(78.5)	13.3	11.3	8.9	66.5
50人以上100人未満	100.0(54.9)	11.8	5.0	1.2	82.0

資料出所：人事院「民間企業の勤務条件制度等調査」（2019年）
（注）　1　再雇用制度のある企業についての集計結果である。
　　　　2　（　）内は定年退職者がいた企業の割合である。

図表４－７は「定年後、自社での継続雇用を希望しない者」の働きたくない理由をみた調査である。最大の理由は賃金の低さである。

図表４－７　定年後､現在の会社で継続して働きたくない理由

（複数回答､単位：％）

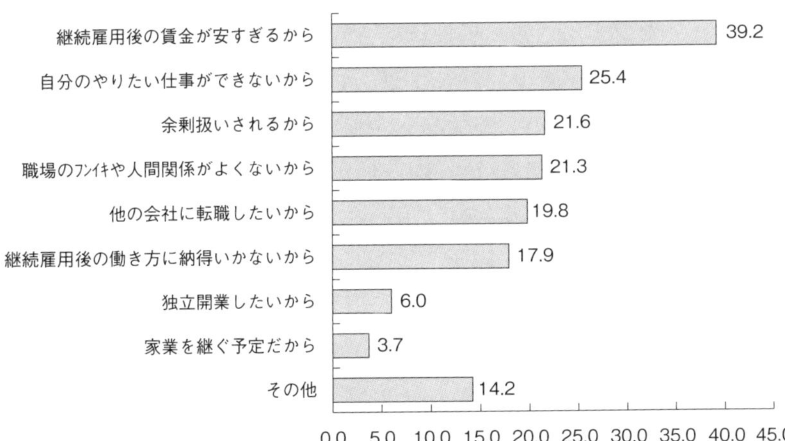

資料出所：（独）労働政策研究・研修機構「60歳以降の継続雇用と職業生活に関する調査」（2008年）

図表４－７は今日となってはやや古いデータであるが、その後も再雇用者の賃金が低いことには変わりはない（次節参照）。したがって、「賃金に不満である」という理由で再雇用を望まない高齢者、そして不満を抱きつつも再雇用を受け入れている高齢者が数多く存在するのが多くの企業における実態であると思われる。

2　再雇用制度の一般的特徴

再雇用者はどのような労働条件で雇用されているであろうか。その実態を知ることは65歳定年制の得失を検討する上でも欠かせない事項である。再雇用者の一般的なパターンは60歳定年の後に１年契約の契約社員となり、定年到達時と同一の業務を担当し、フルタイム勤務であり、賃金は定年到達時の５～６割程度に低下する、という姿である。

⑴　再雇用者の月例賃金・賞与

＜再雇用者の月例賃金＞

図表４－８は、定年後に再雇用が開始された時の賃金と60歳定年退職時の賃金を比較した表である。再雇用によって賃金が減少した者の割合は、男女計で83.2％、男性は87.8％、女性は68.3％であった。図表４－８は、賃金が減少した者について賃金減少率の分布を見ている。

賃金が１～30％減少した者は23.3％であり、残りの76.7％の者は31％以上賃金が減少した。男女別に見ると、男性の方が減少率は高くなっている。これは女性の方が定年時点での賃金が低く、再雇用によって男性ほど賃金が下がらなかったものである。

また、フルタイム勤務・継続雇用者の61歳時点の賃金水準の平均は定年時の賃金の75.2％とする調査結果がある（（独）労働政策研究・研修機構「高年齢者の雇用に関する調査」（企業調査）2020年）。

図表４－８　再雇用による賃金減少率の分布状況

（単位：％）

区分	再雇用による賃金減少率(％)								
	計	1～10	11～20	21～30	31～40	41～50	51～60	61～70	71～
男女計	100.0	1.7	9.2	12.4	25.2	26.4	15.1	7.2	2.8
60～64歳男性	100.0	1.2	7.1	10.2	26.1	26.8	17.9	9.0	1.8
60～64歳女性	100.0	3.5	17.9	21.4	21.4	25.1	3.5	0.0	7.2

資料出所：（独）労働政策研究・研修機構『60代の雇用・生活調査』（2020年）
（注）55歳当時雇用者であって、60歳定年経験者のうち、定年後再雇用等で雇用継続された人に関する、定年時と比較した賃金の減少率の表である。

賃金は最も重要な労働条件の一つであり、再雇用者の不満が集中している労働条件でもあることから、更に幾つかの調査結果を掲げることとする。

図表４－９は人事院が国家公務員の65歳定年制導入への参考資料とする目的で実施した調査からである。再雇用者の月例賃金は約７割、年間賞与は約５割となり、年間賃金は約65％となる、としている。

図表４－９　フルタイム再雇用者の給与水準の状況

（定年前常勤従業員の給与水準=100）

月例給与	年間賞与	年間給与
70.4%	47.7%	65.4%

資料出所：人事院「職種別民間給与実態調査」（2017年）
（注）定年制があり、かつ、フルタイムの再雇用制度を有する事業所のうちフルタイム再雇用者の給与水準を回答した事業所を集計

やや古くなるが図表４－10を示すと、この図表は、再雇用者の再雇用された時の初任給と60歳定年退職時の賃金を比較した表である。最も多いのは「定年退職時の賃金の50％～80％未満」とする企業であり、大企業でも中小企業でも最も多くみられる。

図表４－10　再雇用時点の月例賃金の水準

（単位：％）

企業規模	再雇用制度のある企業	再雇用時点の月例賃金（定年退職時賃金＝100%）					
		30%未満	30%～50%未満	50%～80%未満	80%～100%未満	100%	100%超
調査産業計	100.0	2.4	11.5	54.2	14.7	12.1	0.1
1,000人以上	100.0	2.6	23.5	57.8	9.1	2.6	0.1
300～999人	100.0	2.4	19.0	59.1	11.7	4.8	－
100～299人	100.0	1.9	10.0	62.3	13.8	7.8	－
30～99人	100.0	2.5	10.8	50.8	15.6	14.9	0.1

資料出所：厚生労働省「就労条件総合調査」（2012年）

＜再雇用者の賞与＞

月例賃金と並んで再雇用者にとって重要なのが賞与である。再雇用者向けの賞与の支給基準は、正社員に対する支給基準と比較して低く設定されているのが一般的である。したがって、再雇用者の賞与支給額は正社員時代と比べると、月例賃金以上の大幅な低下となる。

前掲の図表4－9にあるように、フルタイム再雇用者の年間賞与は正社員（フルタイム常勤従業員）の47.7%とほぼ5割の水準である。

同図表では、月例賃金は70.4%、年間賞与は47.7%ということから、その数値を「賞与支給額＝月例賃金×賞与支給率」に充てはめて算出すると、賞与支給率は正社員の67.8%であることが分かる。

＜再雇用者の賃金と同一労働同一賃金＞

定年前と同一業務でありながら再雇用後には賃金があまりにも大きく低下するとして、正社員と非正社員との間の不合理な労働条件の禁止を定めた旧労働契約法第20条（現在は、パートタイム・有期雇用労働法第8条）違反であると会社を訴えた事件がいくつも発生し、重要な判決がこれまでに幾つも下されてきた。2020年には特に多く、最高裁判決もみられた。

名古屋地裁の2020年の判決では、再雇用時の基本給が定年前の6割を下回るのは旧労働契約法第20条に違反するとしており、再雇用者の賃金設定においてはこの判決を重く受け止める必要がある。

詳細は第8章第6節を参照されたい。

(2)　再雇用者の契約期間・勤務形態・勤務時間

次に、再雇用者の雇用契約期間をみると、再雇用者を契約社員として契約期間1年とする事業所が一般的であり、1年を超えるとする事業所、期間を定めていないとする事業所もみられる（注）。

再雇用者の勤務形態についてはフルタイム勤務のみとする企業、フルタイム勤務と短時間勤務の双方を認める企業などいろいろであり、短時間勤務の場合には週労働日数を少なくする方法、1日の労働時間を少なくする方法などいろいろなパターンがみられる（注）。

（注）厚生労働省「高齢者就業実態調査」（2008年）によると、再雇用者の契約期間として「1年」が67%、「1年を超える」が14%、「期間を定めていない」及び「1年未満」が共に9%である。また勤務形態については、78%の事業所が「フルタイム勤務」が最も多い、と回答している。

また人事院「民間企業の勤務条件等調査」（2019年）によれば、定年年齢が60歳で、再雇用制度のある企業の再雇用者は、93％がフルタイム再雇用者となり、７％が短時間再雇用者となっている。

3　65歳定年制のメリット・デメリット

65歳定年制には再雇用制度と比較して、企業にとってどのようなメリット（功）があり、どのようなデメリット（罪）があるのであろうか。労働者・労働組合にとってはどうであろうか。メリット・デメリットを検討することにより、65歳定年制を目指す企業にとっての課題や問題点が明らかとなる。

図表４－11は企業の立場から見て、65歳定年制のメリット・デメリットを整理したものである。大変重要な点であるので、以下で丁寧に検討することとする。なお、65歳定年制の導入を検討している企業の多くは、現在は再雇用制度を利用していることから、次節では再雇用制度のメリット・デメリットを検討している。

図表４－11　65歳定年制のメリット・デメリット

（再雇用制度との比較、企業の立場から見て）

項　目	内　容
メリット（功）	M1　従業員のモチベーション向上 M2　人事管理の一貫性・連続性 M3　能力・実績主義への推進力 M4　自社の技術・ノウハウの流出防止 M5　退職金制度改革の推進力
デメリット（罪）	D1　雇用責任の高まり D2　人件費の増大（福利厚生費を含む） D3　人事処遇制度の改革が必要 D4　組織若返りの遅延

⑴　企業の立場からのメリット・デメリット

＜65歳定年制のメリット＞

65歳定年制のメリットの第１は、60歳台前半層の高齢労働者のモチベーション向上である。

再雇用制度の下では、定年後は契約社員という非正社員の立場となり、いくら元正社員であるとはいえ、正社員よりも弱い立場となる。どうしても仕事に対する意欲も弱まりがちとなる。業務の面で創意工夫しようとする意欲も低下する。また正社員と非正社員との間に存在する様々な労働条件面での違いに対して不満を抱くこととなる。

一方、65歳定年制の下では65歳まで正社員として扱われて60歳までの社員と同等であり、契約社員が気にするような点も少なくなる。

モチベーションの点に関連して述べるならば、定年年齢は職業生涯の一つの重要な区切りである。60歳定年制ならば60歳定年を迎えた時点で、仕事をやり遂げたという気持ちとなり易い。そこで60歳定年以後は再雇用社員（契約社員）ということでもあるし、仕事の面での余生という気持ちになり易く、気力が急速に衰えていく。換言すると、65歳定年制ならば65歳定年を迎えるまでは仕事をやり遂げなければ、という充実した気力を維持しやすいのである。

60歳台の元正社員が再雇用社員という形で「やる気」も弱く働いている姿を見ていると、社内ムードは悪化し50歳台の社員には「明日は我が身」ということで気が滅入るのではないか。60歳台前半層が正社員としてイキイキと働いている姿は50歳台社員のみならず社内ムードにははっきりしたプラス効果が生ずるのである。

第２には、65歳定年制は採用から65歳の定年退職までの人事管理の一体性・連続性を確保することができ、従業員の保有能力のフル活用につながることを期待できる。65歳定年制の下では、65歳までの雇用継続を前提としているからである。

再雇用制度の下では、60歳までの能力のフル発揮を期待するが、60歳以降の能力のフル発揮を企業はそれほど期待していないことになる。既に前掲図表１－６でみたように60歳台高齢者の職業能力はかなり高い水準にある。その能力を十分に利用しないのは企業にとってマイナスであるし、労働力減少時代の日本経済にとっても大きな損失である。

第３には、65歳定年制は人事管理の能力・実績主義（成果主義）の推進力となることである。わが国企業の人事管理は、能力・実績主義の方向に進んできてはいるが、依然として年功的処遇を色濃く残しているのが大半の企業の実情である。その結果として、再雇用制度の場合、60歳台再雇用者の賃金が定年前と比べて大きく低下する、という現象を生み出している。65歳定年制ともなれば年功的な処遇を維持し続けることはますます許されなくなる。これまで以上に能力・実績主義の人事管理を進めなければならない。

多くの企業では能力・実績主義を推進したいと考えていても人事評価等の技術的な難しさや変化を嫌う社内抵抗勢力（役職者を含む多数の従業員）の反発などからなかなか進めがたいのが現実である。しかし従業員や労働組合が望む65歳定年制の導入のために能力・実績主義を導入・強化するということであれば、社内抵抗勢力に対する大義名分が成り立つことになる。

第４には、65歳定年制により、60歳で退職せず65歳まで継続勤務する者が増加するであろう。そこで会社の有する技術・ノウハウが同業他社や外国企業に流出する機会を減らすことができると考えられる。65歳の定年退職後に流す者が出る可能性もあるが、60歳時点で流出するケースと比較すれば技術・ノウハウの価値は低下しているし、また65歳以降に再就職しようとする者も少なくなるからである。

＜65歳定年制のデメリット＞

次にデメリットを検討することとしよう。第１は、雇用責任の高まりである。60歳定年の後に再雇用された従業員は、１年契約の契約社員であるとは言っても企業は原則として65歳までは契約更新に応じなければならない。契約更新をストップできるのは、就業規則に定める解雇事由に当てはまった場合を除くと、労働契約法第16条でいう「客観的で合理的な理由があり、社会通念上相当であると認められる」場合に限られる。

すなわち、正社員を整理解雇する場合と同等の条件を満たさなければ本来は再雇用社員を退職させることはできない。したがって雇用責任に関しては、企業にとって65歳定年制であろうが再雇用制度であろうが差はないのである。

現実にはどうであろうか。長期間にわたり勤続した企業が苦境に陥って人員削減を進めなければならない場合、正社員よりも先に再雇用の契約社員を減らしたいとの打診（すなわち契約更新せず）を受けた時に、あくまで企業が果たす雇用責任の面で正社員と同等であることから、「契約更新せよ」と頑張れるであろうか。あるいは60歳定年到達時に経営不振により再雇用はできないと企業が申し出た時に、あくまでも再雇用を要求できるであろうか。さらに、正社員と同等の権利があるとしても、整理解雇の際に正社員より先に再雇用社員を解雇することは、整理解雇の４要件のうちの合理的な解雇対象者の選定とみなされると思われる。

ところが65歳定年制の下では、60歳台社員といえども正社員なのであるから企業としては60歳台社員を選択的に辞めさせることはできない。労働組合があり労働組合員であれば、労働組合も守ってくれることとなる。すなわち、企業の雇用責任が実質的に重くなるのでる。

第２は人件費の増大である。65歳まで正社員として雇用継続するのであるから、60歳までの賃金制度をそのまま適用すれば、再雇用制度の場合と比較して賃金費用はかなり増加するのは間違いない。福利厚生費用の面でも同様である。このように65歳定年制は再雇用制度と比較して人件費増につながる可能性が高い。

ただし、この点に関しては次の２点に留意する必要がある。一つは、後に述べる「高齢者分離型65歳定年制」を導入した場合には人件費はかなり抑制できる点である。二つには、「65歳定年制のメリット」のところで述べたように、65歳定年制の導入に伴い能力・実績主義に基づく人事管理に切り替えたとしたら、60歳台社員の賃金も働きに応じた賃金となるはずであるから人件費の増加は生じないとも考えられる。第８章で述べているがこれからの賃金制度では、どの年代層に対しても個々の従業員ごとに「賃金＝生産性（働き）」となるような賃金制度を整備しなければならないのである。このように人件費が増大するかどうかは65歳定年制の内容次第である点には留意が必要である。

デメリットの第３は、人事処遇制度の改革が必要となることである。60歳定年制の下での人事処遇制度をそのまま利用できればよいが、多くの企業では現実にはそうはいかないのではないか。人事処遇制度の改革の方向は能力・実績主義ということになろうが、制度改革には時間と費用がかかるし、制度改革に伴って様々な摩擦や問題が生じることもある。また労使交渉も必要となるからである。

なお、65歳定年制の導入は「65歳定年制のメリット」のところで述べたように、人事処遇制度改革の絶好のチャンスでもある。従業員や労働組合は、再雇用制度よりも65歳定年制の方を望んでいることから（第５章第２節参照）、65歳定年制導入の交換条件として企業が求める制度改革を受け入れる可能性が高まるからである。

第４には、65歳定年制の実施により、65歳まで部長とか課長の役職を継続できるようになるとすると、役職者の若返りが大幅に遅れることとなる。中堅・若手社員の立場からすると昇進・昇格の機会が少なくなり昇進・昇格が遅れて、不満を抱く者が発生することが考えられる。その結果として中堅・若手社員のモチベーションが低下するマイナスが発生するかも知れない。あるいは、昇進・昇格の遅れから人材育成の時期が遅くなり、社内人材の確保の面でマイナスとなることも考えられる。以上のマイナスは、能力・実績主義が十分に行われているとするならばそれほど大きな問題とはならないと思われる。

(2)　労働者・労働組合の立場からのメリット・デメリット

次に労働者・労働組合の立場からみた、再雇用制度と比較しての65歳定年制のメリット・デメリットをみることとする。

図表4－12は、労働者・労働組合の立場からみた65歳定年制のメリット・デメリットを整理したものである。

図表4－12　65歳定年制のメリット・デメリット

（再雇用制度との比較、労働者・労働組合の立場から）

項　目	内　容
メリット（功）	M1　雇用の安定（生活の安定） M2　労働条件の安定・向上 M3　労働組合組織の強化・拡大
デメリット（罪）	D1　昇進・昇格が遅くなる

＜65歳定年制のメリット＞

労働者・労働組合にとってのメリットの第1は雇用の安定である。正社員として65歳まで勤務できるのであるから、65歳までの安定した働く場を確保できることとなる。しかも長期間勤務した、慣れ親しんだ職場での雇用の安定である。雇用が安定するということは生活の安定も達成されるということでもある。

メリットの第2は、労働条件の安定・向上である。労働者にとっては、再雇用社員（すなわち契約社員）という立場での労働条件には不安を感ずるものである。たとえば、年次有給休暇の付与日数は、労働基準法上は勤続年数の長さに応じて決まっているが、その時の勤続年数は再雇用された段階でゼロ年にリセットされない。すなわち、年次有給休暇に関する限り、再雇用社員でも勤続年数は通算される。しかし、労働者はそのことを知らないでゼロ年にリセットされると考えるのが普通ではないか。

年休については以上のように実質的には問題はないが、賞与についてみると支給されなかったり、支給されても正社員よりかなり低くなったりする。福利厚生面でも正社員と非正社員との間には様々な違いがある。企業の立場からすると、今日、数多くの様々なタイプの非正社員を同時に雇用していることから、元正社員で非正社員である再雇用者を他の非正社員と異なる処遇をすることは難しいのである。

第３は、労働組合員の増加である。日本の企業別組合のほとんどは組合加入資格を正社員に限定している。したがって、非正社員である再雇用社員は組合員ではないのが一般的である。労働組合の中には再雇用社員を準加盟組合員としている例もあるが極めて少数である。今日、労働組合員数は長期的に減少傾向にあり、労働組合勢力は縮小気味である。65歳定年制を実現すれば再雇用社員が正社員となるのであるから、非正社員の正社員化、すなわち労働組合員化であり労働組合にとっては組織拡大・強化の点でプラスである。

実は、再雇用社員という立場であっても企業別組合の正組合員とすることは、企業にとっても大変好ましいと考えられる。従業員が仕事や労働条件について、日頃、どのように考えているかを企業が把握することは、適切な人事管理や業務運営を行う上で大切なことである。従業員意識調査を実施して把握する方法もあるが、労働組合との折衝などを通じて従業員の企業に対する要望などを入手することもできる。再雇用社員が労働組合員でなければ、再雇用社員の要望や抱えている問題などが入手するのが難しくなる。その意味で、正社員に限らず、再雇用社員も労働組合員であることが好ましいのである。さらには、再雇用者以外の非正社員も労働組合員であれば、非正社員の抱えている就業上の問題、課題が労働組合を通じて得られるから、適切な企業運営にはかなりのプラス効果が生じるものと思われる。

＜65歳定年制のデメリット＞

労働者側からのデメリットとしては、65歳定年制の下では、高齢者の役職期間が長くなり、若手・中堅社員の昇進・昇格が以前よりは遅くなることである。課長とか部長への昇進が遅くなれば、賃金の高まるのも遅くなる。以上のデメリットは生じるものの、65歳定年制の導入と共に、処遇面で能力・実績主義が導入・強化されれば能力の高い若手・中堅にとっては、課長とか部長への昇進が早まる可能性もある。

なお、労働組合にとっては、デメリットは全くないと言えよう。

4　再雇用制度のメリット・デメリット

70歳就業法に対応した65歳までの高年齢者雇用確保措置（義務）として圧倒的多数の企業が再雇用制度を採用している。これは65歳定年制、定年制の廃止、勤務延長制度と比較して企業にとって最も望ましいと考えているからである。

そこでまず、企業の立場から65歳定年制との比較による再雇用制度のメリット・デメリット（図表４－13参照）をみることとし、その後に労働者・労働組合の立場からメリット・デメリットをみることとしたい。

再雇用制度のメリット・デメリットを検討することにより、65歳定年制の課題・問題が浮かび上がると共に、上述した65歳定年制のメリット・デメリットの内容が明確となるという副次効果を期待できる。

⑴　企業の立場からのメリット・デメリット

＜再雇用制度のメリット＞

第１のメリットは、人件費の節減・抑制を実現できる点である。60歳定年で退職した後に１年契約の契約社員として再雇用するのであるから、労働条件を60歳以前と大きく変更できる、というメリットがある。現実に、再雇用社員の賃金水準は60歳退職時と比較して３～５割程度ダウンするという例は少なくない（なお、この点に関して、前掲図表４－８～４－10を参照されたい）。

第２には、雇用責任の軽減がある。上記の＜65歳定年制のデメリット＞の第１点で述べたように、法律上は、正社員であろうが再雇用社員であろうが、企業にとっての雇用責任は同等である。しかし現実問題として、正社員と比較して再雇用社員に対する雇用責任は相対的に軽いとみるべきではないか。この点についても上記の＜65歳定年制のデメリット＞の第１点で丁寧に述べたところである。

第３のメリットは、60歳定年制の下での人事処遇制度をそのまま維持できる、という点である。再雇用制度の場合、60歳以前の処遇制度と切り離して、60歳から65歳までの処遇制度のみを考えることで制度の導入が可能である。既存の人事処遇制度にまったく影響を及ぼすことなく再雇用制度を導入できるのは大きなメリットとなる。

第４は、第３のメリットに関連することであるが、再雇用制度の下では、これまでの年功的処遇をある程度続けられる、というメリットである。多くの企業で依然として年功的処遇が色濃く残っているのは、年功的処遇は長期雇用慣行との相性がよいことや従業員の多くが受け入れることでもあり「ぬるま湯」のようなもので居心地がよいからである。しかし65歳定年制の場合には、年功的処遇を維持すると人件費の増大や社内活力の低下などが生ずることから、その維持は難しく、能力・実績主義を推進しなければならないという課題がある。

第5のメリットとしては、公的給付（在職老齢年金および高年齢雇用継続給付）の利用を期待できる点である。在職老齢年金は、労働者が公的年金受給年齢に到達している時に、受け取る賃金水準が低ければ公的年金の一部を受給できる、という制度である。高年齢雇用継続給付は60歳台の賃金が60歳到達時点の賃金と比較してどの程度ダウンしているかに応じて雇用保険から給付金を支給するという制度である。いずれの制度も変化しつつあり、直近の正確な情報を集めることが大切である。

図表4－13　再雇用制度のメリット・デメリット

（65歳定年制との比較、企業の立場から）

項　目	内　容
メリット（功）	M1　人件費の節減・抑制（同一労働同一賃金法を踏まえて） M2　人事処遇制度の維持が可能 M3　雇用責任の軽減 M4　年功的処遇制度の維持が可能 M5　公的給付（高年齢雇用継続給付・在職老齢年金）の利用が可能
デメリット（罪）	D1　再雇用社員のモチベーション低下 （責任感の低下）

＜再雇用制度のデメリット＞

次に、再雇用制度のデメリットを見ることとしよう。再雇用制度の企業にとっての最大のデメリットは、再雇用社員のモチベーションの低下である。再雇用社員の業務内容が定年前とほとんど同一であるにも関わらず、再雇用社員の賃金水準が60歳の定年退職時点からかなり低下することからモチベーションの低下は生じている。

企業の立場からすると、再雇用者以外の他の非正社員との間での処遇のバランスを取ったということであるのかも知れないし、年功的処遇の影響で定年前の賃金水準が労働者の働きと比べて高すぎるから適正水準に戻したということであるのかも知れない（図表8－2参照）

が、再雇用社員はそのようには受け取らない。

再雇用社員の不満で最も大きいのが「賃金が低すぎる」という点である（前掲図表４－７～図表４－10参照）。賃金が低くなってもそれ以前と変わらずに精一杯業務遂行に励む再雇用社員も少なくないが、仕事に対する熱意、責任感等がかなり低下する者も少なくない。その結果として、不良品の発生、顧客離れなどにつながるとすればモチベーションの低下は企業にとっては大きな打撃となる。

さらに、元正社員である再雇用社員のモチベーション低下は、社内ムードに悪影響を及ぼすのではないだろうか。

⑵　労働者・労働組合の立場からのメリット・デメリット

＜再雇用制度のメリット＞

次に、65歳定年制と比較した場合の労働者・労働組合にとっての再雇用制度のメリット・デメリットを見ることとする（図表４－14参照）。

労働者にとってのメリットはほとんどない。強いて言うならば、65歳定年制と比べて再雇用制度の下では、正社員ほどには会社から期待されていないと考えることができるから、気楽に仕事に従事できるという消極的メリットがある。正社員であれば緊張感・責任感をもって業務に従事しなければならない。企業からすれば再雇用社員といえども緊張感・責任感をもって従事してもらわないと困るのであるが、再雇用社員からするとやはり気楽さはあるのではないか。

図表４－14　再雇用制度のメリット・デメリット

（65歳定年制との比較、労働者・労働組合の立場から）

項　目	内　容
メリット（功）	M1　業務責任が気分的に軽くなる
デメリット（罪）	D1　賃金が低い D2　雇用が不安定

＜再雇用制度のデメリット＞

再雇用社員であることのデメリットとしては賃金がかなり低い、という点がある。この点は再雇用社員の最大の不満である。正社員時代の60歳退職時点の賃金からかなりダウンした賃金が再雇用社員の賃金となるが、業務内容がほとんど変わらないにも関わらず賃金の大幅ダウンとなることから不満なのである。業務責任や業務内容が賃金の低下に見合って軽減されていれば話は別であるが、そのような例は少ない。65歳定年制であれば賃金を大きく低下させにくいのではないかと考えるのである。

第２は、65歳定年制と比較して再雇用制度下の再雇用社員は雇用が不安定なことである。企業にとっての「65歳定年制のデメリット」の第１点に関連して法律上は正社員と再雇用社員の雇用の安定度は同一であると述べたが、現実には両者間には雇用安定の面で差があると考えた方が適切であると思われる。たとえば、企業経営が不振であり人員削減に迫られている企業があったとしよう。この場合、正社員を削減する前段階として新規採用をストップしたり、定年退職が予定されている従業員の再雇用を取りやめる、という手段が考えられる。再雇用の取り止めは新規採用の停止にほぼ等しいからである。

5　年齢差別禁止・定年制廃止と65歳定年制

高齢者の活用を進める方法として、定年年齢の引き上げや継続雇用制度（再雇用、勤務延長）、定年制廃止があり、本書では65歳定年制を強く推奨しているのであるが、このほか、年齢差別禁止法制を導入している国もある。

⑴　年齢差別禁止

アメリカやEU（ヨーロッパ連合）では年齢差別禁止法が成立している。賃金や採用など雇用上の処遇において、年齢に基づく処遇を法律によって禁止している。日本の多くの企業で採用している60歳定年制は、60歳という年齢で退職させることから年齢差別に該当し、アメリカやEU諸国では禁じられている。

わが国企業の賃金制度において、しばしば見られる年齢給のように従業員の年齢に応じて決まる賃金があるが、これも年齢差別に該当するから法違反となる。名称は年齢給ではなくとも、事実上、年齢に応じて決まる賃金であれば同様に法違反である。

参考までに、主要国に関して日本のような定年制が可能か否かを示したのが**図表４－15**である。アメリカ及びEU諸国では日本型定年制は禁止されているが、国によっては例外規定があり、ドイツでは公的年金支給開始年齢以上の定年制、フランスでは70歳以上の定年制は認められている。

図表４－15　主要国における日本型定年制の実施可能性

主要国	日本型定年制の実施可能性
アメリカ	日本型定年制は法違反である
イギリス	日本型定年制は法違反である
EU	EU指令（年齢差別禁止）には定年年齢の言及なし
ドイツ	公的年金支給開始年齢にリンクした定年年齢、あるいはそれ以上の定年年齢は許容される
フランス	70歳以上の定年年齢は許容される

資料出所：笹島芳雄「欧米主要国の定年年齢と年齢差別禁止法」『月刊人事労務』（2018年10月）

年齢差別禁止法の下では上限年齢なしにいつまでも勤務を継続できるのに対して、65歳定年制は65歳に到達したら退職しなければならないことから、労働者にとっては年齢差別禁止法の方が65歳定年制よりも労働者を優遇する制度である、と考え勝ちである。

しかし注意しなければならないのは、年齢差別禁止法の下では「担当職務を遂行できる能力のある限り」上限年齢なしにいつまでも勤務を継続できるのであって、無条件で何歳までも勤務を継続できるわけではない。言い換えると、40歳台であろうが50歳台であろうが、担当職務を遂行できる能力が低下したならば退職しなければならないのである。そのような仕組みが無ければ、企業内は高齢になって生産性の低下した労働者であふれてしまうから、能力主義に基づく強制退職制度が存在するということである。

他方、わが国の定年制の下では、40歳台や50歳台において、担当職務の遂行能力が低下した場合には配置転換して定年年齢までは雇用を続けるのが一般的である。したがって、労働者には日本の定年制の方が年齢差別禁止法よりも優しい制度であると見ることが可能であり、定年年齢までは雇用が安定している意味からも労働者にとっては好ましいのではないか。

⑵　定年制の廃止

厚生労働省「就労条件総合調査」（2017年）によれば「定年制を定めていない企業」は全企業の4.5％である（前掲図表４－１参照）。この中には「企業を設立してから間もない」とか「従業員が皆若い」といった理由で就業規則の中に未だ定年年齢を定めていない例もみられるから、定年制廃止企業の正確な比率は不明である。厚生労働省「高年齢者の雇用状況」（2020年）によれば、定年制廃止の企業は4,468社であり、そのほとんどは中小企業である。厚生労働省への報告企業に占める割合は2.7％である。

定年制廃止とは、それまで存在していた定年制を廃止したことであるから、企業からの退職する年齢が無くなったことであり、上限年齢なしにいつまでも勤務できる制度である。

したがって年齢差別禁止法制と同様に、企業からの退職年齢は定められていないが、現実には高齢となれば何らかの退職ルールが存在するものと思われる。

なお、定年制廃止の企業事例をみると、65歳以降も上限年齢なしにいつまでも再雇用社員とか嘱託社員として働ける制度を用意した、という内容であり、アメリカ企業のように上限年齢なしにいつまでも正社員として雇用を続けるという事例は見当たらない。

第５章
65歳定年制推進の動きと２種類の65歳定年制

1　必要な65歳定年制の推進

高年齢者雇用安定法の2012年の改正により、60歳まで雇用した従業員を60歳から65歳まで何らかの制度で雇用を継続しなければならないという「高年齢者雇用確保措置（義務）」が企業には課せられた。65歳までの雇用を企業に義務づけたことから、2012年改正法は「65歳雇用法」と本書では表現している。

高年齢者雇用安定法の2020年の改正（2021年施行）では、65歳までの雇用確保措置（義務）に上乗せする形で、65歳から70歳までの「高年齢者就業確保措置（努力義務）」が課せられることとなった。70歳までの就業を企業に義務づけたことから、2020年改正法は「70歳就業法」と本書では表現している。

第１章で述べた日本の労働力事情や勤労者意識、第２章で述べた日本の公的年金事情などからすると、日本の多くの人が健康である限りできる限りの高年齢まで働くことが望ましく、上述の様に「65歳雇用法」から「70歳就業法」に発展したことは、日本の経済社会にとって大変好ましいことと言えよう。

企業は従業員を少なくとも65歳、できたら70歳まで雇用しなければならない時代において、それに応じて企業の人事・賃金管理も見直していく必要がある。

労働力人口が次第に減少していく時代、その結果として労働力不足基調が続く時代、更には高齢労働力の増加そして若年労働力の減少を迎えている今日、企業はすべての従業員の積極的かつ効果的活用が求められている。そのためにはすべての従業員の仕事に対する「やる気」を高め、保有能力をフルに発揮させることが必要である。

どの企業もこれまでもそのような努力をしてきていると思われるが、企業が今後ますます活用しなければならない60歳以上の高年齢層に対して、これまで十分な施策を実施してきたであろうか。

図表５－１は、65歳までの雇用確保措置に対して企業がどのように対応しているかを見たものである。

31人以上の企業では、「継続雇用制度の利用」が76％、「定年の引上げ」が21％、「定年制の廃止」が３％となっている。規模別の状況をみると、301人以上の企業では87％の企業が継続雇用制度を利用しており、31～300人規模の企業ではその割合は75％となっている。

図表５－１　65歳までの「高年齢者雇用確保措置」の実施状況

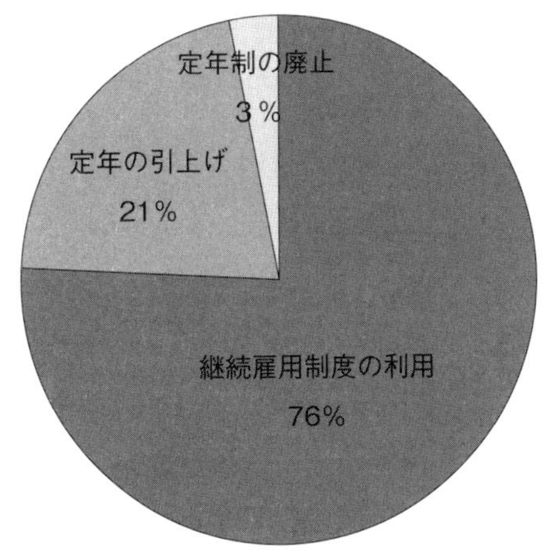

資料出所：厚生労働省「高年齢者の雇用状況」（2020年）
（注）　従業員31人以上の企業16万4,151社からの報告の集計結果である。

継続雇用制度には再雇用制度と勤務延長制度の２種類があるが、大半の企業は再雇用制度を利用している（前掲図表４－５参照）。

問題は、大半の企業が利用している再雇用制度の下で60歳から65歳の高齢労働者が「やる気」をもって保有能力をフルに発揮して働いているだろうか、という点である。

大変残念なことに、第４章で見たように再雇用制度の下での高齢労働者の多くは、保有する能力をフルに発揮できる状況とはなっていない。それは、①正社員ではなく１年契約の契約社員という非正社員であること、②定年前と仕事が同じでも、労働条件、特に賃金が低くなること、によりモチベーションが引き下げられているからである（前掲図表４－７～図表４－10参照）。すなわち、再雇用制度を利用しているほとんどの企業は貴重な労働力資源を十分に活用していないのである。大変、残念な状況にある。

こうした労働力資源をフルに活用するには、70歳就業法が求めている65歳までの「高年齢者雇用確保措置」として「65歳定年制」を採用することである。70歳就業法では、65歳から70歳までの「高年齢者就業確保措置」も求めていることから、積極的に「70歳定年制」の採用を勧めたいところではあるが、60歳定年制が一般的な今日では、一気に定年年齢を10歳引上げることはかなり困難であり、非現実的と思われる。

なお、業態、企業の置かれた状態、更に企業が採用している人事管理施策によっては「70歳定年制」あるいは定年を70歳以上に引き上げることは十分に可能であり、労働力資源活用の点でも重要な点である。

2　65歳定年制への政労使の姿勢

65歳定年制に関する政労使の姿勢をみることとしよう。以下で詳述するが、政府は積極的である。民間企業に対しては高齢者の積極的活用を勧める一方、政府が主導権を握って決められる国家公務員の定年年齢に関しては、2021年通常国会で65歳定年制の導入を実現した。

次に、労働者側をみると積極的であるのに対して、使用者側は一部の企業を除くと全体としてはやや消極的である。しかし、国家公務員の65歳定年が2023年度から段階的に実現することから、民間企業も今後は65歳定年に進むことが期待される。

(1)　政府の65歳定年制への姿勢

厚生労働省が2010年に設置した「今後の高年齢者雇用に関する研究会」は2011年6月に研究会報告「今後の高齢者雇用に関する研究会報告書～生涯現役社会の実現に向けて」を取りまとめた。同報告は希望者全員の65歳までの雇用確保の方策の一つである65歳定年制の法制化について次のように述べている。

「年金支給開始年齢と法定定年年齢との接続を図る方策としては、老齢厚生年金の定額部分の支給開始年齢の65歳への引上げ完了を機に、高年齢者雇用安定法の法定定年年齢を65歳まで引き上げるという方策や、老齢厚生年金の報酬比例部分の支給開始年齢の引上げに合わせ、法定定年年齢を65歳まで段階的に引き上げるという方策が考えられる。（中略）こうした意見など（＝60歳定年が一般的であること、時期尚早という意見など）を踏まえると、ただちに法定定年年齢を65歳とすることは困難な側面が大きいと考えられるが、老齢厚生年金の報酬比例部分の支給開始年齢の65歳への引上げが完了する2025年までには定年年齢が65歳に引き上げられるよう、引き続き議論を深めていくべきである。」としている。

2017年3月に公表した政府の「働き方改革実行計画」では、同一労働同一賃金の実現、長時間労働の是正、外国人材の受入れなどと並んで「高齢者の就業促進」を掲げている。

「高齢者の就業促進」に関しては、「高齢者の就業促進のポイントは、年齢に関わりなく公正な職業能力評価により働き続けられる「エイジレス社会」（＝年齢と無関係の社会）の実現である」とし、「意欲ある高齢者がエイジレスに働くための多様な就業機会を提供していく必要がある」としている。具体的には、①65歳以降の継続雇用延長や65歳までの定年延長を行う企業への支援を充実、②年齢に関わりなくエイジレスに働けるよう、高齢期に限らず、希望する者のキャリアチェンジを促進する、③高齢者による起業時の雇用助成措置を強化する、を掲げている。

65歳までの定年延長を行う企業への支援策として2020年度までを集中取組期間と位置づけて、助成措置を強化するとともに定年延長の手法を紹介するマニュアルや好事例集を通じて、企業への働きかけ、相談・援助を行っていく、としている。

(2)　国家公務員の65歳定年の段階的実施

人事院は2010年の人事院勧告の中で、国家公務員の65歳への定年延長を検討することを明らかにした。その理由として、国家公務員制度改革基本法では、雇用と年金の接続の重要性に留意して、定年を段階的に65歳に引き上げることについて検討することとされていること、2013年度からの公的年金（報酬比例年金部分）の支給開始年齢の引上げに合わせて、2013年度から定年年齢を段階的に65歳まで延長することが人事院としては適当であると考えていること、を述べている。

翌年、2011年人事院勧告の際に、「定年を段階的に65歳に引き上げるための国家公務員法等の改正についての意見の申出」を行った。具体的には、2013年度から2025年度に向けて、定年を段階的に65歳まで引き上げることとし、経過期間は再任用制度で65歳まで雇用継続するという提案である。定年引上げの理由として、雇用と年金の接続が確実、採用から退職までの人事管理の一体性・連続性の確保、意欲と能力に応じた配置・処遇が可能、としている。

人事院の「意見の申出」に対し、政府は民間で65歳定年制が見られない中で、国家公務員が先行するのはどうなのかという消極的な反応であり、棚上げされた形となった。2013年には政府は、当面、年金支給開始年齢に達するまで希望者を原則として常勤官職に再任用すること、年金支給開始年齢の段階的な引上げの時期ごとに段階的な定年の引上げも含め改めて検討を行うこと等を閣議決定した。

2017年、政府は、「経済財政運営と改革の基本方針2017」（閣議決定）において、「公務員の定年の引上げについて、具体的な検討を進める」とし、それを受けて関係行政機関による検討会で人事院の意見の申出も踏まえ検討した結果、定年を段階的に65歳に引き上げる方向で検討することが適当として論点を整理した。

2018年２月に関係閣僚会議を開き、国家公務員の定年を60歳から65歳へと段階的引上げを検討することを決めて、詳細な人事制度設計を含め人事院に定年引上げを検討するよう要請した。同年６月の「経済財政運営と改革の基本方針2018」（閣議決定）においても、「公務員の定年を段階的に引き上げる方向で検討する」とした。

以上を受けて、2019年以降、国会に何度か国家公務員法改正案が上程されたが成立に至らず、2021年通常国会で改正法がようやく成立したものである。

⑶　経営者側の65歳定年制への姿勢

政府が65歳定年制に対して積極的であるのに対して、経営者側は一部の経営者を除くと概して消極的であるが、65歳定年を導入する企業や導入を検討する企業が次第に増加している（前掲図表４－３参照）。

企業の65歳定年制に対する姿勢をみたのが**図表５－２**である。2019年現在で、60歳以降の雇用確保措置の内容を見たのが同図表の左側である。定年年齢は60歳として65歳までは再雇用制度で対応した企業は75.5％、定年年齢を61歳から64歳のいずれかまで引き上げて、65歳までは再雇用制度で対応した企業は4.9％である。

以上の企業が定年延長の意向を有するか否かをみると、同図表右側にあるように「定年延長する」（2.4％）、「定年延長する方向で検討中」（13.4％）、「定年延長については検討しているが、未定」（52.4％）となっており、合計で68.2％の企業が定年延長への意欲を有している。2016年調査ではこの割合は49.1％であったことから、65歳定年制への機運は高まりつつあると言えよう。

図表５－２　定年延長への企業の意欲

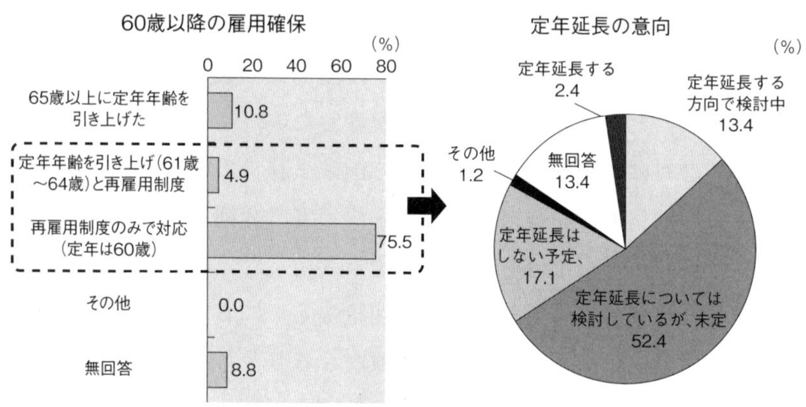

資料出所：日本生産性本部「第16回日本的雇用・人事の変容に関する調査」（2019年）

また、日本経団連「2020年人事・労務に関するトップ・マネジメント調査」によれば、「定年延長・廃止」について2020年春季労使交渉で議論した企業は12.0％（2019年は9.0％）、春季労使交渉以外の場で議論した企業は21.5％（同17.0％）であった。今後重視したい内容として「定年延長・廃止」を挙げた企業は21.6％（同21.6％）にも上っている。

定年年齢をどうするかという点に関しては特に調査していないものの、60歳定年制に代わる定年制としては65歳定年制が望ましいとする調査結果を散見できる。

たとえば、日本経団連の調査「高齢者雇用の促進に向けた取組と今後の課題」（2008年）において、定年年齢引上げ意欲を有する60歳定年企業の９割ほどが引き上げるべき定年年齢として65歳を選択しているからである。

また、日経新聞が国内主要企業を対象とした「社長100人アンケート」（2018年３月）によれば、「65歳までの雇用確保措置」は87％の企業が「60歳定年＋再雇用制度」で対応しており、うち約４割の企業は「65歳までの雇用確保措置」の制度変更の計画を有しており、その内容で最も多いのが65歳定年である。

なお、日本経団連は「今後の高齢者雇用のあり方」と題する報告書（2011年）において、法改正による60歳から65歳への法定定年年齢の引き上げに関しては「企業の労務管理面に大きな影響を及ぼす」として慎重な姿勢を示した。

⑷　労働組合の65歳定年制への姿勢

労働組合の動きの中で特筆すべきことは、20年以上前の1998年春闘において電機連合が賃上げ要求に加えて65歳定年制を要求したことである。これは2001年からの公的年金（基礎年金部分）の支給開始年齢の60歳から65歳への段階的引き上げが間近に迫ったことから、企業の定年年齢も段階的に65歳まで引き上げることを求めたものである。高年齢者雇用安定法における65歳までの「高年齢者雇用確保措置」が法制化される前であるから大変画期的な動きであった。

1998年春闘においては、電機連合傘下の大手企業では65歳定年制などを審議する労使委員会の設置で合意し、その後２年程度にわたって審議を重ねた。その結果、富士電機で65歳定年制が実現し、三菱電機、松下電器、NECなどの大手企業では60歳定年後の65歳までの雇用延長制度が実現した。

その後、毎年の春闘において数多くの単産が制度要求の一つとして65歳定年を掲げている。2011年春闘要求においては、UIゼンセン同盟、交通労連、フード連合、総評全国一般地連、全倉連、運輸労連、全印総連が65歳定年を要求した。2013年春闘では、UAゼンセン（UIゼンセン同盟とサービス・流通連合の統合組織）、JEC連合、紙パ連合、フード連合などが引き続き要求した。2018年春闘でもUAゼンセン、基幹労連、JP労組、運輸労連が65歳定年を要求した。

単産の闘争方針を受けて交渉を直接行う個別労組では65歳定年要求を行い、交渉を重ねてきているが、一部の企業を除くと65歳定年はまだまだの状況にある。

連合は2021年春闘に向けた闘争方針において、「60歳～65歳までの雇用確保のあり方」と題して、

① 65歳までの雇用確保は、希望者全員が安定雇用で働き続けることができ、雇用と年金の接続を確実に行う観点から、定年引上げを基軸に取り組む。

② なお、継続雇用制度の場合であっても、実質的に定年引上げと同様の効果が得られるよう、65歳までの雇用が確実に継続する制度となるよう取り組む。あわせて、将来的な65歳への定年年齢の引上げに向けた検討を行う。

としている。

以上のように労働組合の多くは65歳定年制の実現に積極的である。

3　２種類の65歳定年制とそれぞれのメリット・デメリット

(1)　２種類の65歳定年制

65歳定年制を導入した企業の具体的な内容をみると、大きく２種類に分けることができる。

第１のタイプは「全社員統一型65歳定年制」と称することのできる定年制である。65歳までの社員全員が同一の処遇体系の下に、65歳まで勤務する制度である。

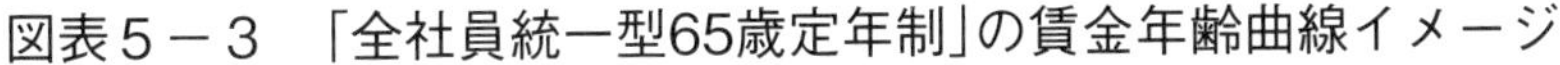

図表５－３　「全社員統一型65歳定年制」の賃金年齢曲線イメージ

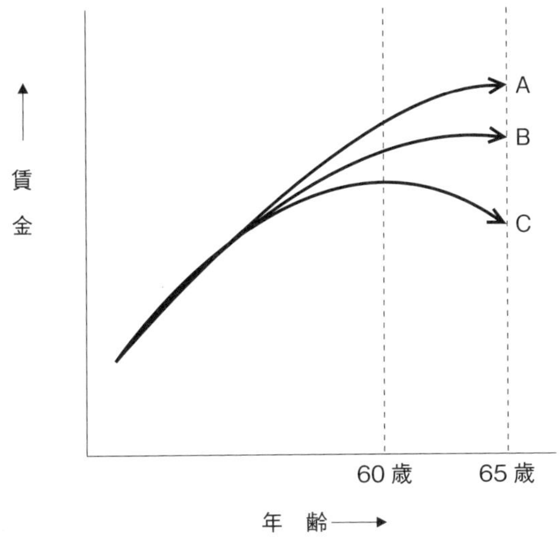

図表５－３は「全社員統一型65歳定年制」について、賃金と年齢との関係をイメージした図である。企業の人事処遇制度は様々であるから、現実には図表５－３のようになるとは限らないことに留意しなければならない。重要な点は、55歳以降、あるいは60歳以降の社員をそれ以前の社員とは別扱いしない、という点である。

「全社員統一型65歳定年制」の下では、社員は65歳まで勤務することを前提として職業生涯を考え、また人生設計を行うこととなる。企業の方でも65歳まで社員の能力のフル活用を目指して、人事制度、処遇制度を設計し運用する。

第２のタイプは「高齢者分離型65歳定年制」と称することのできる定年制である。これは採用してから55歳あるいは60歳までの社員の処遇体系と55歳以降あるいは60歳以降の高齢社員の処遇体系が大きく異なるという65歳定年制である。高齢社員を55歳以下あるいは60歳以下の社員と異なる処遇体系を設定していることから、「高齢者分離型65

歳定年制」と表現している。

図表5－4　「高齢者分離型65歳定年制」の賃金年齢曲線イメージ

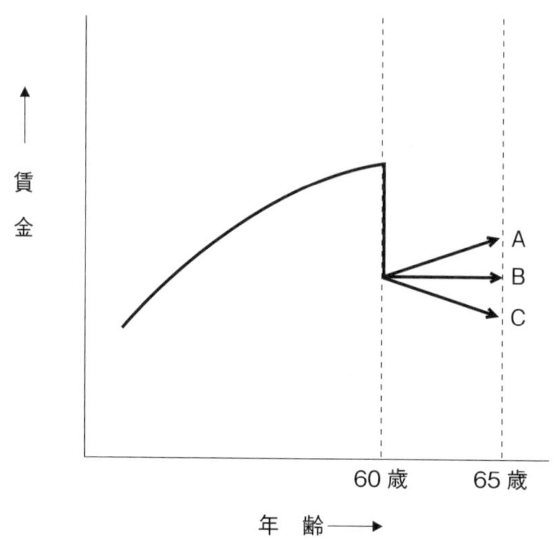

図表5－4は「高齢者分離型65歳定年制」について、賃金と年齢との関係をイメージした図である。図表5－4はあくまでも一つの例であり現実には様々な例が考えられる。賃金が大きくダウンするのは必ずしも60歳であるとは限らない。55歳でダウンさせる企業もあれば57歳でダウンさせる企業もある。重要なポイントは55歳以降あるいは60歳以降の処遇を、それ以前の社員層と比べて大きく変更する点である。

「高齢者分離型65歳定年制」の下でも社員は65歳まで勤務することを前提として職業生涯を考え、また人生設計を行うこととなる。企業の方でも65歳までの活用を前提とする人事制度を用意する。しかし「全社員統一型65歳定年制」と比べれば、55歳以降あるいは60歳以降の社員を別処遇とすることから、「65歳までの活用」という姿勢が弱くなると思われる。対象社員の側でも、仕事に対する意欲が低下すると思われる。

「全社員統一型65歳定年制」と「高齢者分離型65歳定年制」の企業事例を第６章でみるが、それに先立って、それぞれの制度にはどのようなメリット・デメリットがあるのかを比較・検討することとする。

⑵　「全社員統一型65歳定年制」のメリット・デメリット

＜「全社員統一型65歳定年制」のメリット＞

図表５－５は「高齢者分離型65歳定年制」と比較した「全社員統一型65歳定年制」のメリット・デメリットをみたものである。

メリットとしては、第１に、採用から65歳の定年退職に至るまで一貫した人事管理を行うことができることである。全社員を同一の基準で処遇するのであるから制度設計・制度運営はシンプルである。高齢社員の立場からすると納得できる制度である。

第２には、高齢者は処遇面で不利な扱いをされず、65歳定年まで若手や中年の社員と肩を並べて現役として仕事をするのであるから、仕事に対する熱意や取組みが高まることとなる。高齢者のモチベーション（やる気）が向上して業務効率も高まることから、会社にとってもプラス効果が発生する。

第３は、企業の人事管理における公正処遇が貫徹することである。「高齢者分離型65歳定年制」では、同一業務を続けていても60歳（あるいは55歳～59歳）以降の高齢者の賃金は下がる（図表５－４参照）こととなるが、「全社員統一型65歳定年制」では全社員が共通の基準で処遇されることから公正処遇が実現するのである。企業が全社員に対して共通基準で処遇を行うことは、高齢者のみならず若手や中年の社員に対してもプラスのインパクトがあると考えられる。

図表5－5　「全社員統一型65歳定年制」のメリット・デメリット
（「高齢者分離型65歳定年制」と比較して）

項　目	内　容
メリット（功）	M1　採用から定年までの一貫した人事管理の実現 M2　高齢者のモチベーション上昇 M3　公正な処遇の推進
デメリット（罪）	D1　人件費増大の恐れ D2　年功主義からの完全脱却が必要（＝真の能力・実績主義が必要） D3　若手・中堅社員の不満、昇進の遅れの発生 D4　役職定年制度の改革が必要となることがある

＜「全社員統一型65歳定年制」のデメリット＞

他方、デメリットとしてはどのような点であろうか。デメリットの第1は、人件費増大の恐れである。人件費が実際に増加するかどうかは企業の処遇制度がどのような内容であるかに大きく依存するのであるが、多くの企業が全社員統一型65歳定年制の実施に二の足を踏んでいる最大の理由が人件費増大問題である。

高齢者分離型65歳定年制であれば高齢者の賃金は引き下げられるが、「全社員統一型65歳定年制」であると図表5－3で示したように引き下げられない。したがって人件費が増加すると考える企業が大半である。

実は、人事・賃金制度が能力・実績主義に基づいており、「従業員の働き＝賃金」という仕組みが出来上がっていれば、全社員統一型65歳定年制を実施したところで人件費が増加することにはならない（詳細は第8章参照）。

そこで第2のデメリットが関係してくる。人事管理が能力・実績主義に基づいて行われていれば、高齢者だからといって働き以上の賃金とはならない。したがって、「全社員統一型65歳定年制」の実現には、年功的な処遇システムからの完全脱却が欠かせない。完全脱却しなければ、「全社員統一型65歳定年制」の下では人件費は増加することとなるからである。

では、年功的処遇システムから能力・実績主義に容易に移行できるであろうか。現実にはそう簡単ではなくかなりの困難を伴う。能力・実績主義に移行することに社内でのコンセンサスを得たとしても、時間をかけて段階的に移行せざるを得ないから、完全移行するまでにはどうしても一定期間が必要となる。

なお、能力・実績主義を是非とも実現したいと考えている企業にとっては、労働組合や従業員が望んでいる全社員統一型65歳定年制の導入の見返りとして能力・実績主義に基づく人事処遇制度の導入が容易となると考えられる。長年、果たそうとして果たせずにいた企業にとっては、一つのチャンスでありメリットとなる。

第３のデメリットは、若手や中堅の社員からの不満の発生である。処遇基準が変化して60歳までに役職を退くことの多い「高齢者分離型65歳定年制」とは異なって、65歳まで正社員として同一処遇基準で残るのである。そして65歳まで部長、課長の職務を続けるかも知れない。若手や中堅の社員からすると昇進が遅くなるのではないか、昇進が遅くなると賃金上昇も遅くなるのではないか、という心配が生まれるのである。

すなわち、「全社員統一型65歳定年制」による定年延長は、若手や中堅の社員からすると必ずしも賛成できることではない。もちろん、若手、中堅の社員は自身が高齢者となった時には「全社員統一型65歳定年制」の恩恵を受けることとなるのであるが。企業内に能力・実績主義による人事処遇がすでに根付いていれば、若手・中堅社員の懸念はなくなることとなる。

第４には、役職定年制度との関係がある。60歳定年制の下で役職定年制度を設置している企業では、その見直しが求められることとなる。「全社員統一型65歳定年制」の導入を機会として役職定年制度の修正や廃止することも、役職定年年齢を５歳高めることも考えられる。

(3)　「高齢者分離型65歳定年制」のメリット・デメリット

次に「全社員統一型65歳定年制」と比較した「高齢者分離型65歳定年制」のメリット・デメリットを検討することとする。それをみたのが図表５－６である。

図表５－６　「高齢者分離型65歳定年制」のメリット・デメリット
（「全社員統一型65歳定年制」と比較して）

項　目	内　容
メリット（功）	M1　人件費の軽減が可能 M2　現行賃金処遇制度を維持できる M3　年功的処遇がある程度は可能 M4　公的給付（在職老齢年金、高年齢雇用継続給付）の利用が可能
デメリット（罪）	D1　高齢者のモチベーション低下 D2　高齢者のモチベーション低下がもたらす社内ムードへの悪影響

すでに「全社員統一型65歳定年制」のメリット・デメリットを見てきたが、以下の内容から分かるように、「高齢者分離型65歳定年制」と「全社員統一型65歳定年制」は対立する定年制であり、一方のメリットは他方のデメリットに、デメリットはメリットになるという関係にある。

＜「高齢者分離型65歳定年制」のメリット＞

メリットとしては、第１に、人件費の軽減が可能となるという点である。60歳以上の（あるいは55～59歳以降の）高齢者については若手、中年とは異なる処遇制度を適用するのであるから、当然のことながら、高齢者の処遇水準はかなり低くなる。高齢者の職務内容に相当する賃金を支給するのであれば、あるべき賃金を支給するのであるから人件費の軽減にはならない。職務内容と比べて低い賃金を支給するからこそ人件費を節減できることとなる。これまでの「高齢者分離型65歳定年制」の事例をみると、賃金はダウンするものの再雇用制度の場合ほどにはダウンさせないという例が多い。

第２は、65歳定年制を導入しても現行の賃金処遇制度を維持できることである。60歳定年を65歳定年に切り替えても、60歳以前は現行の賃金処遇制度を維持して、60歳以降の高齢者についての賃金処遇制度を考えればよい。65歳への定年延長という大改革であるにもかかわらず、60歳以前の基本的な処遇条件は変更しないで済むことは企業にとってはメリットである。そして、これまで利用してきた再雇用制度から容易に65歳定年制へと移行できることとなる。極端なケースでは、60歳以降の処遇条件を再雇用制度の時と同一としたまま65歳定年制に移行する、ということが考えられる。

もちろん、65歳への定年延長を契機として60歳以前の人事・賃金制度の改革を断行するということも、長年、果たそうとして果たせずにいた企業にとっては一つのチャンスでありメリットとなる。

第３のメリットは、年功的処遇の維持がある程度は可能となることである。多くの日本企業は年功的処遇から脱却しようとしているのではあるが、依然として、大多数の企業には年功的処遇が色濃く残っている。企業の置かれた状況によっては、年功的処遇である方が社員が納得すること、安心することなどがあるからである。日本企業は長期雇用を前提とした人事管理を行なっているが、長期雇用と年功的処遇は相性がよいのである。

第４のメリットは、公的給付（在職老齢年金および高年齢雇用継続給付）の利用を期待できる点である。この点は、65歳定年制と比較した場合の再雇用制度の第５のメリットと共通する内容であり、具体的な内容を第４章４節において述べていることから、そこを参照して欲しい。

＜「高齢者分離型65歳定年制」のデメリット＞

「高齢者分離型65歳定年制」の企業にとっての最大のデメリットは、高齢者のモチベーション低下の問題である。60歳以降にはそれまでとは異なる処遇となるのであるから不満が発生しかねない。60歳以降の担当業務内容がそれまでと比べてかなり軽減されるというのであれば納得するかも知れない。しかし企業としては従来どおりに働いてもらう、という前提での65歳定年である。高齢労働力の活用を図るための65歳定年でもある。したがって、業務内容を軽減することは考えないのが普通である。

高齢者からすると、従来と同じ業務を担当しながら賃金が低下するのは納得できない。再雇用制度の下では同じように賃金が低下するのが普通であるが、再雇用者の不満は賃金に集中している。それでも再雇用の場合には、正社員から１年契約の契約社員へと雇用形態が変化しているから、賃金の低下を会社は再雇用者に対して説明しやすいし、理解も得やすい。しかし「高齢者分離型65歳定年制」の下では正社員のままでありながら賃金が低下するということであり高齢者に対して説明しにくいし、また理解を得にくい面がある。

第２のデメリットは、高齢者のモチベーション低下が及ぼす社内ムードへの悪影響である。正社員である高齢者の「やる気」がない姿勢を若手や中年の社員はどのように受け取るであろうか。若手や中年の社員の職務遂行において決してプラスにはならない。むしろ、マイナスに作用するのではないか。加えて、若手や中年の社員もいずれは高齢者となるのであるから、自分自身の将来の姿を見ることとなる。どの社員も明るい将来を思い浮かべれば仕事の面でやる気が高まるが、暗い将来を思い浮かべればやる気が低下するのではないか。

4　２種類の65歳定年制の選択問題

「全社員統一型65歳定年制」と「高齢者分離型65歳定年制」の双方にメリット・デメリットがあるのであるから、どちらの方が良いとはなかなか言えない。企業が置かれた状況と将来を考えた上で、いずれが当該企業にとって適しているかを判断することとなる。

しかし、今後の日本の経済社会を考えていくと、高齢労働者に対して働きやすい環境を整備し、高齢労働者がモチベーションを高く保ち、保有する職業能力をフルに発揮することこそが何よりも重要だということとなる。労働力人口が減少しつつある中で、労働力資源の無駄使いは許されないからであり、高齢労働者が高い生産性で働くことは、日本経済の生産性水準を高くするとともに、高齢者に高い賃金を支給することも可能となる。

以上の観点に立つならば、「全社員統一型65歳定年制」が望ましいということとなる。高齢者であっても、若手・中堅と同じように処遇していくには、人事管理諸制度が能力・実績主義に基づいていなければ難しい。これからの日本経済の突き進む人事管理は、第３部でみるように、能力・実績主義の他には考えられない。その点からも「全社員統一型65歳定年制」が望ましいのである。

では「高齢者分離型65歳定年制」をどのように評価したら良いであろうか。「高齢者分離型65歳定年制」は、高齢者の活用を図るという点で再雇用制度よりは明らかに優れている。しかし、高齢者がモチベーション高く、やる気をもって保有能力をフルに発揮するには不十分な制度である。あくまでも再雇用制度から全社員統一型65歳定年制へ移行する途中の段階の定年制であると言えよう。

以上から、筆者は60歳定年企業に対して、「全社員統一型65歳定年制」を推奨したい。しかしながら大変残念な事態が進行しつつある。

それは2023年度から段階的に進められる国家公務員の65歳定年制が現在のところ、「高齢者分離型65歳定年制」の方向に進みつつあることである（第６章第２節事例６参照）。

国家公務員の「高齢者分離型65歳定年制」が実現すると、その波及効果は大きく、地方公務員、外郭団体をはじめ、数多くの公益法人、病院、教育機関などにも同様の65歳定年制が広がると思われる。

なお、国家公務員の場合、「高齢者分離型65歳定年制」は当分の間としており、「全社員統一型65歳定年制」を中長期的には目指す方向にあることを留意しなければならない（第６章事例６参照）。

第６章
65歳定年制事例の活用

1　「全社員統一型65歳定年制」企業の事例

(1)　労働時間、役職継続性及び賃金

図表６－１は「全社員統一型65歳定年制」を実施している企業の労働時間、役職継続性と賃金を整理したものである。60歳台ではフルタイム勤務を原則とする企業がほとんどであるが、パートタイム勤務を認める企業も多い。役職定年制の有無をみると、不明とする企業も見られるが、基本的には「制度はない」とする企業が半数を占めている。60歳台でも役職を継続できるのか否かをみると、継続できる企業が一般的である。

すなわち、「全社員統一型65歳定年制」を採用する企業では、65歳まで役職を継続できるところが一般的である。59歳以前と比較した60歳台の賃金についても同一取扱であり、60歳前後で賃金が大きく変化することはない。

図表６－１　「全社員統一型65歳定年制」企業の事例

企業名（従業員数）	業種（65歳定年導入年）	60歳台の労働時間	役職定年制の有無	役職の継続	定年前と比較した60歳台の賃金	備考
松屋（500人）	百貨店（1998年）	原則フルタイム	なし	継続	同一取扱	実力主義に基づく人事管理

東北福祉サービス（250人）	社会福祉・介護業（1999年）	フルタイム、パートタイム	?	?	同一取扱	賃金は職務給、設立当初から65歳定年
ハクホウ（160人）	衣料製造業（2003年）	フルタイム	?	継続	同一取扱	60歳以上の社員が4割弱
イオンリテール（84,000人）	小売業（2007年）	フルタイム、パートタイム	なし	継続	同一取扱	役職定年制の導入が検討課題
おとうふ家族（89人）	豆腐・惣菜の製造販売（2011年）	フルタイム、パートタイム	?	?	?	?
すかいらーく（85,000人）	外食産業（2015年）	フルタイム、パート、アルバイト	なし	65歳まで	同一取扱	役職・職務・賃金は59歳以前と同じ

資料出所：（独）高齢・障害・求職者支援機構『65歳超雇用推進マニュアル』（2017年３月）
（注）「?」は資料に記載されていないことを示す。

(2)　様々な角度からみた企業事例

次に、企業事例として取り上げた「全社員統一型65歳定年制」３社については、制度導入経緯から人事賃金制度、資格体系など様々な角度から見ていくこととする。

■事例１：A社（百貨店業）

(a)　65歳定年制導入の経緯

＜高齢者の活性化＞

A社は1998年に65歳定年制を導入した。それに先立つ1979年には65歳までの再雇用制度を導入して高齢者に雇用機会を提供してきた。1991年に制度を見直して、希望者全員が65歳までの再雇用制度を利用できるようになった。在職老齢年金の受給を前提とした制度であったことから、賃金は月額92,000円または110,000円の一律処遇とならざるをえず、仕事への意欲をかきたてるには程遠い制度であった。再雇用制度の見直しが求められる中、社員の高齢化が進行して遠からずベテラン社員は50歳台が主力となると見通されたこと、そして百貨店ビジネスには、50歳台、60歳台のベテラン社員の活躍の場が少なくないことから高齢者の活性化を目指して65歳定年制に踏み切ったのである。

＜実力主義の制度化＞

Ａ社の65歳定年制は、それ程の苦労もなく容易に実現したのではない。長期間かけて実現した実力主義の人事管理が存在したからこそ、導入が可能となったのである。実力主義人事に進んだ背景としては、企業経営の安定化を目指した企業業績に連動する人件費構造の構築があった。高年齢者雇用安定法に基づく国の高齢者雇用促進策とは全く無関係であり、企業経営の安定に貢献する人件費構造を進めて行った結果として65歳定年が実現できた点に注目しなければならない。

Ａ社では、1984年から人事管理の構造改革を始めたが、そのポイントは次の３点である。

①　人件費の変動費化

②　実力主義に基づく人事配置

③　実力主義賃金

第１の「人件費の変動費化」は、経営の安定性を高めるために、人件費を企業業績に応じて変動する仕組みの構築である。

第２の「実力主義の人事配置」は、過去の能力・実績に基づいて現在の仕事が与えられるのではなく、現在の能力・実績に基づいて現在の仕事が与えられるという仕組みの構築である。

第３の「実力主義賃金」は、それまでの年功主義の賃金から脱却して、能力・実績に応じた賃金（成果主義賃金）の実現である。

具体策として導入した制度として、第１の「人件費の変動化」に関連しては、①企業業績に連動する賞与の導入、②定期昇給を圧縮して、昇格しなければ賃金が上がらない昇給システムの構築、③月例給与の中に人事評価で毎年上下する業績給の導入、がある。

＜実力主義人事・賃金制度＞

上述した第２の「実力主義の人事配置」および第３の「実力主義賃金」に関しても、幾つもの具体策を実施した。資格と職位の分離を可能とする専任職および専門職の制度化、人事評価項目に数値指標を導入して人事評価制度の透明性、客観性、明確性を樹立し、家族手当の支給基準を見直して管理職には不支給とし、どの社員にも一律に上がるベアの廃止、定期昇給の廃止、月例給与の中に毎年上下する業績給の導入、職務別の賞与の導入等を行ったことである。

以上の制度改革により、優れた働きをすれば賃金の上昇、資格の上昇、昇進につながり、働きが悪ければ賃金の減少、降職につながるという実力主義人事制度が出来上がった。部長から課長、課長から係長というような降職がある一方、業績が上がれば課長、部長に復帰できるという敗者復活を可能とする柔軟な仕組みでもある。65歳への定年延長実施時点までに実力主義的な人事処遇制度が社内的には十分に定着するに至ったのである。

⒝　高齢者雇用の全体像

65歳定年制の対象者は社員全員である。雇用形態は、正社員として通常勤務を行うというものである。

65歳定年制を導入したが、すべての社員が65歳定年制を望むとは限らない。したがって、50歳時点（制度導入当初は55歳）でそれ以後のコースを、以下の２コースの中から本人が選択する。

①　チャレンジコース

②　オプションコース

「チャレンジコース」は、年間1,890時間労働のフルタイム勤務であり、管理職・専門職の就任も可能であり、役職定年制度はないことから役職に就任したまま65歳までの勤務が可能である。60歳で従来通り定年退職することもできる。

「オプションコース」は、50歳以降、年間1,512時間（週休３日）のパートタイム労働または年間1,134時間（週休４日）のパートタイム労働を行うコースである。

コースの選択後、コースを変更することが制度上は可能であるが会社のニーズに照らし合わせて変更できるかどうかで決まる。対象者の圧倒的多数はチャレンジコースを選択している。

なお、50歳以降60歳までの早期退職優遇制度を用意し、別の職業に転じることを望む社員に対して長期有給休職制度（最長１年間）と再就職支援サービスを提供している。

(c)　賃金制度の内容

賃金制度は、ステージ別に図表６－２のようになっている。Ａ社には職能資格制度があり、50歳までの社員には職能資格を付与しているが、50歳以降は職能資格制度から切り離される。

職能給は減少することはない。しかし業績給は人事評価により毎年上下変動する。社員として育成する段階である４級までは業績給はない。大学卒で入社すると、だいたい30歳前後には５級に到達する。７級からは家族手当が支給されない（図表６－２参照）。

図表6－2　A社の賃金体系

ステージ	資格等級	賃金体系
第1ステージ（～49歳）	2～4級	職能給　　　＋職務手当＋家族手当
	5～6級	職能給＋業績給＋職務手当＋家族手当
	7～9級	職能給＋業績給＋職務手当
	経営職、専門職	職務給＋業績給
第2ステージ（50～59歳）		職務給＋業績給
第3ステージ（60～64歳）		職務給＋業績給

資料出所　A社資料等による

第1ステージの経営職、専門職および第2ステージ、第3ステージでは、月例賃金は「職務給＋業績給」となる。

ここでA社の業績給を説明すると、担当職務をどの程度十分にこなしたか、という人事評価結果により変動する賃金のことである。**図表6－3**が業績給の仕組みを示している。縦軸に「担当職務の重要度」（＝職責、役割の重さ）をとり、横軸を人事評価の軸とする。人事評価の結果により面積が変わるが、面積部分が業績給を意味する。

図表6－3　業績給の仕組み
（人事評価がBの場合）

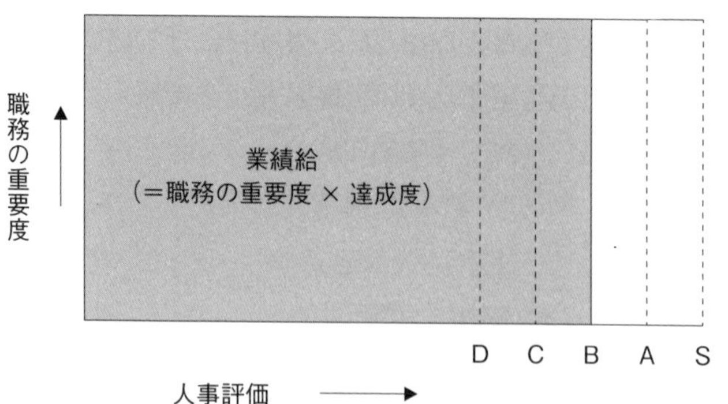

以上から分かるように、第１ステージの経営職、専門職および第２、第３ステージでは、賃金は働きに応じた賃金、いわゆる能力・実績主義（成果主義）賃金、となっている。

なお、チャレンジコースを選択した者であって、職能資格は高いが職務レベルの低い者は、ケースによってはルール通りの賃金を適用すると50歳以降の賃金がかなり減額となる。そこで労働組合との協議により、最大で20％の減額にとどめるようにしている。

なお、退職金制度はポイント制退職金となっていることから、賃金制度の影響は受けない。

■事例２：Ｂ社（総合スーパー）

(a)　65歳定年制への経緯と背景

Ｂ社は2007年に65歳定年制を導入した。それまでは60歳定年、そして65歳までの再雇用制度を利用していた。65歳定年制による退職日は、人事異動・人事配置の関係もあって３月20日と９月20日の年２回としている。65歳に到達してから最初のどちらかの日に退職することとなる。したがって最長の場合には65歳と半年の勤務となる。65歳定年制は正社員に対するものであるが、それに伴ってパートなど有期雇用の従業員の雇い止め年齢も60歳から65歳へと引き上げられた。

Ｂ社が60歳から65歳へと定年延長に踏み切った背景としては次の５点を指摘している。

①　60歳の定年後を再雇用制度で対応するシステムでは、社員の中に60歳を職業生涯のゴールであるとみなして、57～58歳頃から職務遂行のモチベーションの低下する者が見られること

②　再雇用制度は１年ごとの契約を更新して65歳までの制度であることから、最後の65歳までガンバルという意欲がわきにくいこと

③　Ｂ社の再雇用制度では、60歳まで全国異動型社員を意味するナ

ショナル社員であった者は、再雇用後には勤務地限定社員に移行することによる社員格付けの変更があり、その結果として賃金がかなりダウンし、モチベーションの低下につながっていること

④　Ｂ社では、すでに2004年に、社員の担当する職務内容に応じて賃金を決めるという賃金制度が確立されており、65歳へ定年延長したからといって人件費が増加する状況とはなっていないこと

⑤　Ｂ社の事業活動が拡大しており、役職に就くことの多い高齢正社員が増加したからといってポスト不足に悩む状況にはないこと

以上の５点のうち、再雇用制度の下ではモチベーションが低下するという①と②の指摘については、再雇用制度を採用する多くの企業に共通することである。③の再雇用制度の下で賃金の大幅ダウンも多くの企業で見られることであり、Ｂ社の例は決して例外とは言えない。

④はＢ社特有の事由である。65歳定年制とはまったく無関係に、Ｂ社として望ましい賃金制度を追及してきた結果として実現した制度である。Ａ社の事例ときわめて共通する重要なポイントである。

⑤の点もＢ社特有の事由である。多くの企業が成長できずに苦心している中で、Ｂ社は順調に業況を拡大してきており、その点も65歳定年制の追い風となったのである。

全体として、Ｂ社は定年延長を実施できる環境に恵まれていた、ということができる。

(b)　対象者、雇用形態と職務内容

65歳定年の対象者は正社員全員である。制度導入時において、元正社員であって再雇用者となっていた従業員は正社員に復帰にすることとなった。正社員としての勤務形態は通常勤務であり、いわゆるフルタイム勤務が求められる。そこで短時間勤務（パートタイム勤務）を希望する場合には定年延長の対象とはならない。たとえば63歳から短

時間勤務する場合には、その段階で定年退職扱いとなり再雇用制度の対象となる。

職務内容は、正社員としてそれまでの職務を継続することとなる。役職定年制はなく、管理職は特に問題のない限り65歳まで継続することとなる。60歳以降も60歳以前と同様に異動、昇進・昇格もある。この点もＡ社の事例と共通している。

以上は65歳定年制度の基本的枠組みであるが、本人の希望に応じて、60歳以降、転居を伴う転勤の有無と労働時間の長さを選択できるようになっている。

図表６－４は60歳台の働き方の種類を示している。60歳までの働き方の継続を選択した場合、59歳時点で全国異動型社員であれば引き続き全国異動があり、エリア異動型社員であれば一定の地域範囲での異動がある。したがって、いずれも転居を伴う異動がある働き方である。「希望するホームタウン勤務」とは、自分が定めた居住地から通勤可能な範囲内での店舗勤務となる働き方である。

図表６－４から分かるように、60歳台の働き方として、希望するホームタウン（居住地）から通勤可能範囲内での勤務を希望することができ、その場合もフルタイムとパートタイムのいずれかを選択できる。労働条件はそれに応じて低下していくこととなる。

Ｂ社では「同一資格＝同一処遇」としつつ、同一資格であっても全国異動型社員の月給を100とすると、エリア異動型社員は95、ホームタウン限定型（勤務地限定型）フルタイム社員は80である。

図表６－４　60歳台の働き方の種類

<table>
<tr><th>転居を伴う転勤の有無</th><th>異動範囲</th><th colspan="2">勤務時間</th><th>定年年齢</th><th>賃金水準</th></tr>
<tr><td rowspan="2">有</td><td>全国異動</td><td colspan="2" rowspan="3">フルタイム</td><td rowspan="3">65歳</td><td>100</td></tr>
<tr><td>エリア異動</td><td>95</td></tr>
<tr><td rowspan="3">無</td><td rowspan="3">希望するホームタウン勤務</td><td>80</td></tr>
<tr><td rowspan="2">パートタイム</td><td>1日6時間以上</td><td rowspan="2">1年契約の再雇用</td><td>80</td></tr>
<tr><td>1日6時間未満</td><td>時給制</td></tr>
</table>

資料出所：Ｂ社資料により筆者作成

以上から分かるように、Ｂ社の65歳定年制度においては60歳以降の処遇が60歳以前とまったく同一基準で行われるという内容であり、本来あるべき定年制を実現しているということができる。

⒞　賃金、賞与と退職金

＜月例賃金＞

Ｂ社が65歳定年制を実現できた最大の要因は、人事の基本思想が「国籍・年齢・性別・従業員区分を排し、能力と実績に貫かれた人事」であり、その結果、仕事基準の賃金制度がすでに確立していたからである。この点はＡ社の事例と共通する。第８章でも述べるように年齢に依存しない賃金制度を確立していれば定年年齢は60歳であろうが65歳であろうが人件費の面では大きな影響が出ないからである。

Ｂ社の資格・等級体系を示したのが図表６－５である。Ｓ職群は職務等級となっている。Ｍ職群およびＪ職群は職能資格となっているが、役割・仕事基準の要素を強めた職能資格制度であるとしている。したがって、職務・役割レベルと職能資格がほぼ対応している制度であると言えるから、Ｂ社の資格等級体系はほぼ職務等級制度であるとみることも可能である。

賃金制度についてみると、Ｓ職群は「基本給＝資格給」であり、Ｍ

職群およびＪ職群は「基本給＝資格給（９割）＋能力給（１割）」である。資格給は資格ごとのシングルレートであり、同一資格に所属する社員はすべて同一資格給である。能力給は資格ごとに上限と下限をもつ範囲給であり、標準評価を３年から５年続ければ上限に達するという賃金である。

以上から分かるように、Ｂ社の賃金制度は役割・仕事を強く反映した賃金制度であることが分かる。Ｂ社では「職位・職務・働き方が同じなら同一賃金」と表現しているが、職位・職務は仕事内容を示しており、働き方とは全国異動型社員、エリア異動型社員、勤務地限定型社員の３区分のことである。勤務地に関する異動範囲の大きさにより、図表６－４に示されるように賃金水準を変えている。

図表６－５　Ｂ社の資格・等級体系

職群	資格	主な職位
S職 （職務等級）	S6	戦略スタッフ 事業部長 商品部長 大型店店長など
	S5	
	S4	
	S3	
	S2	
	S1	
M職 （職能資格）	M3	小型店店長、副店長 統括マネージャー マネージャーなど
	M2	
	M1	
J職 （職能資格）	J3	小型店マネージャー、売場長 小型店売場長
	J2	
	J1	

資料出所：Ｂ社資料による

＜賞与・退職金＞

賞与については、月給と同じように、職位・職務・働き方が同じなら同一賞与となる。退職金制度はすべてが企業年金であり、確定給付年金と確定拠出年金が１：２の構成である。退職一時金がなく、確定給付年金は60歳で給付水準が確定して60歳から支給される。確定拠出年金は、それまで拠出されてきた会社の掛け金相当額が60歳以降も引き続き拠出されて積立られるのではなく、月給に上乗せして支払われる。すなわち、確定拠出年金の拠出額は60歳時点で確定する。

■事例３：Ｃ社（医療衛生用品製造販売業）

(a)　65歳定年制への経緯と背景

Ｃ社は2004年に65歳定年制を導入した。それまでは60歳定年制と63歳までの再雇用制度であった。65歳定年制の対象者は社員全員であり、雇用形態は正社員としての通常勤務である。職務内容は定年前と同じ業務の継続であり、65歳定年制の導入と共にそれまであった役職定年制度を廃止した。役職定年年齢は55歳であった。

役職定年制度の廃止に伴い、一度役職に就任したからといっていつまでも役職を続けられるのではなく、能力・実績が低下した場合には課長、部長といった役職を降ろされることとなる。その点では昇進（昇格）、降職（降格）はかなり能力・実績主義に基づくものとなった。以上の内容はＡ社、Ｂ社とも共通している。

Ｃ社が65歳定年制に踏み切った理由としては３点を指摘できる。第１に、2000年代前半の希望者全員の雇用延長を義務化する高年齢者雇用安定法の改正の動きである。同法は2004年に法改正が実現して2006年４月から施行された。第２は、人事制度の見直しが必要となり、その一環として定年延長を決断したのである。新人事制度はそれまでの全社共通の職能資格制度から職群別職能資格制度に切り替えるというものであった。第3には、社員の年齢構成が比較的若いことから定年延長を実施しやすいという環境にあったことがある。

(b) 65歳定年での賃金制度

賃金制度は、65歳定年制の実施と同時に変更した。基本給体系は、それまでの「基本給＝本人給＋業績給＋職能給」から「基本給＝本人給＋職能給」に切り替え、この体系が60歳以降を含む全社員に適用されることとなった。改定前の業績給は名称からの印象とは異なり、業績を強く反映する賃金ではなかった。

本人給はいわゆる年齢給であり、新制度の下では53歳をピーク（224千円）として、その後は次第に減少して65歳には167千円となるという内容である（図表6－6参照）。職能給の水準は、制度改定前には全職群共通の資格等級に応じて決定していたが、制度改定により職群ごとに決めることとした。これは役割と能力と賃金の関係を明確にすることを狙いとしたものである。基本給は平均的には本人給が6割、職能給が3割、その他1割という構成となった。

図表6－6　本人給のイメージ

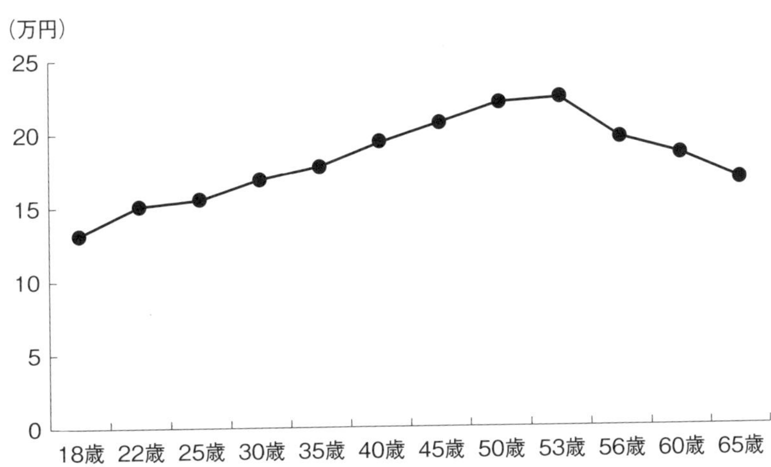

資料出所：C社資料による

ここで職群とは、作業職、事務一般、事務総合、技能職、企画事務、販売職、技術職、企画職の８区分があり、業務の性質に基づいて区分したものである。

65歳到達時の基本給水準を検討するにあたって、（財）生命保険文化センターが公表している「ゆとりある老後の生活費」（月36万円程度）を目安に設定したとしている。

図表６－７は2019年時点の「ゆとりある老後の生活費」を示している。どの程度の生活費があればゆとりある生活を過ごすことができるか、に関する調査の結果であるが、20万円程度とする被用者もいれば50万円程度とする被用者もいて、かなりのばらつきが見られる。ただし、平均をとると35～37万円程度となる。

図表６－７　ゆとりある老後の生活費

（単位:万円、%）

区分	ゆとりある老後生活費（万円）									平均（万円）
	～20万未満	20～25万未満	25～30万未満	30～35万未満	35～40万未満	40～45万未満	45～50万未満	50～55万未満	わからない	
民間企業被用者	2.7%	7.1%	11.1%	21.1%	9.7%	10.7%	3.1%	14.6%	20.0%	35.9
小企業被用者	3.4	7.4	10.8	18.5	9.6	8.0	4.9	13.9	23.5	35.6
中企業被用者	3.1	7.0	11.0	21.6	9.6	10.1	2.4	13.3	21.9	35.2
大企業被用者	1.6	7.2	11.5	22.2	10.4	13.1	3.2	17.0	13.8	37.0

資料出所：（財）生命保険文化センター「生活保障に関する調査」（2019年）

なお、賞与については60歳まで年間５か月であったところ、新賃金制度においては55歳以降65歳の定年まで年間３か月とすることとした。

以上述べたように65歳定年制導入と共に賃金制度などの改革も合わせて実施したが、その結果、大半の従業員には賃金の変動が生じた。賃金がダウンした従業員は約４割に上ったものの賃金制度改定の趣旨である「役割・能力に応じた処遇制度」の実現が達成された。

Ｃ社の事例をみると、基本給体系が全社員に共通に適用されており、

65歳まで役職を継続できるなどの点からして、「全社員統一型65歳定年制」に分類するのが適切であると考えられる。しかし、賞与の支給月数を55歳以降に５か月から３か月へ引き下げる点をみると「高齢者分離型65歳定年制」の要素がないわけではない。

2　「高齢者分離型65歳定年制」企業の事例

(1)　労働時間、役職継続性及び賃金

次に「高齢者分離型65歳定年制」企業の労働時間、役職継続性及び賃金を見ることとする（図表６－８参照）。

60歳台ではフルタイム勤務に限るとするところがほとんどである。役職定年制の有無についてみると「あり」とする企業が多く、役職定年年齢はさまざまであるが60歳とするところが多くみられる。役職の継続性をみると役職定年年齢までとなっており、サントリーは50歳台半ばで役職を離れる。なお、富士電機では50歳台で管理職であった者については再雇用を原則としており、65歳定年を適用するケースは後任が見付からないなどの特殊事情が発生したケースに限られる。

59歳以前と比較した60歳台の賃金をみると、59歳以前の賃金の60％から70％とする企業が多く、賃金に関する限り、再雇用制度とあまり変わらない状況であることがわかる。言い換えると、再雇用制度を65歳への定年延長に切り替えたのが実態のように思われる。

図表6－8　「高齢者分離型65歳定年制」企業の事例

企業名（従業員数）	業種（65歳定年導入年）	60歳台の労働時間	役職定年制の有無	役職の継続	60歳定年前と比較した60歳台の賃金	備考
日東ベスト（2,300人）	食品製造業（1993年）	フルタイム	?	役職を離れる	60歳時点で90%	－
富士電機（11,000人）	電気機器製造業（2000年）	フルタイム	あり（60歳）	継続は例外	60%	管理職は再雇用が原則
サトーホールディングス（4,800人）	機械製造業（2007年）	フルタイム	あり（60歳）	役職を離れる	60歳の4月に80%、同62歳は70%、同63歳は60%	賃金制度は全社員が年俸制
ウエルシア薬局（4,100人）	ドラッグストア（2008年）	フルタイム	?	継続	減額調整、60歳以降、昇給昇格なし。	運用上、薬剤師は減額していない
ヤマト運輸（160,000人）	道路貨物運送業（2011年）	フルタイム、パートタイム	あり（63歳）	63歳まで継続	60%	公的給付を利用できる賃金設定
サントリー（5,800人）	酒・飲料製造業（2013年）	フルタイム	あり（53～57歳）	53～57歳まで	70%	60歳以前の処遇体系に変化なし
大和ハウス（15,000人）	住宅建設業（2013年）	フルタイム	あり（60歳）	60歳まで	60～70%	－
オリックス（3,800人）	金融業（2014年）	?	あり（50歳台）	60歳以前に役職から離任	60%	賃金は職務給
埼玉トヨペット（1,600人）	自動車販売業（2014年）	フルタイム	なし	継続は可能	年功的要素がなくなり減額となる	60歳以降、職務内容は大きな変化なし

資料出所及び（注）：図表6－1に同じ

(2)　様々な角度からみた企業事例

次に、個別企業事例として取り上げた「高齢者分離型65歳定年制」3事例については、制度導入経緯から人事賃金制度、資格体系など様々な角度から記述している。

■事例４：Ｄ社（重電メーカー）

(a)　65歳定年制導入の経緯

Ｄ社の65歳定年制導入は、電機連合が1998年春闘において統一要求として掲げた65歳定年要求が契機となっている。要求を受けて労働組合との間で労使協議が始まったが、Ｄ社としても少子・高齢化の進む中で、今後どのようにして労働力を確保していくか、更には迫りくる公的年金支給開始年齢の引上げにどう対応するかという問題意識が65歳定年制導入への背景である。

また、新会計基準により2001年３月期決算から退職給付債務の全額を財務諸表に表示しなければならなくなり、退職金給付債務の削減や年金基金財政の健全化をどのようにして実現するかという課題も抱えていた。そこで60歳台前半層の雇用延長と退職金制度改革をからめて総合的に対応できないか、という問題意識も存在していた。

最終的には、2001年の基礎年金部分の支給開始年齢の引上げ開始に応じて定年延長を実施することとなった。

なお、以前から60歳定年後の再雇用制度は存在していたが、希望者全員ではなく、会社の判断により再雇用者を決めるという内容であった。

(b)　高齢者雇用の全体像

65歳定年制の対象者は、一般社員（労働組合員層）の希望者全員である。管理職などの非組合員には適用しない。59歳時点（制度導入当初は55歳時点）で、定年延長か60歳退職かを本人が選択する。定年延長を選択した場合には、正社員のまま通常のフルタイム勤務を定年まで続ける。ただし職務は、現職継続を含めて会社が指定する職務に従事する。

(c) 賃金制度の内容

賃金制度の内容は退職一時金制度の改定と関係していることから、その点をまず述べておく。65歳定年の実施と同時に、退職金のうちの定年加算金を廃止し、廃止した定年加算金を56歳から65歳までの10年間にわたって賞与時に分割支給するという内容の制度改定である。

以上の点を踏まえた上で、55歳時点で定年延長を選択した場合の賃金水準をみると、56歳〜59歳の年収は55歳時点の年収の85〜90%の金額に退職金分割分を加えた水準である。60歳以降の年収は、55歳時点の年収の50〜55%の金額に加えて退職金分割分および公的給付（在職老齢年金、高年齢雇用継続給付）をプラスした水準である。公的給付については最大限の受給を目指している。年収レベルのイメージ図は図表6－9のようになる。

55歳時点で、従来の定年年齢である60歳での退職を選択した場合には賃金水準の減額は生じない。なお、定年延長を選択したがもろもろの事情で60歳で退職するという場合には、56〜59歳の賃金は減少して不利であることから減額相当額を退職金に上乗せして支給する。

図表6－9：年収レベルの見直しイメージ

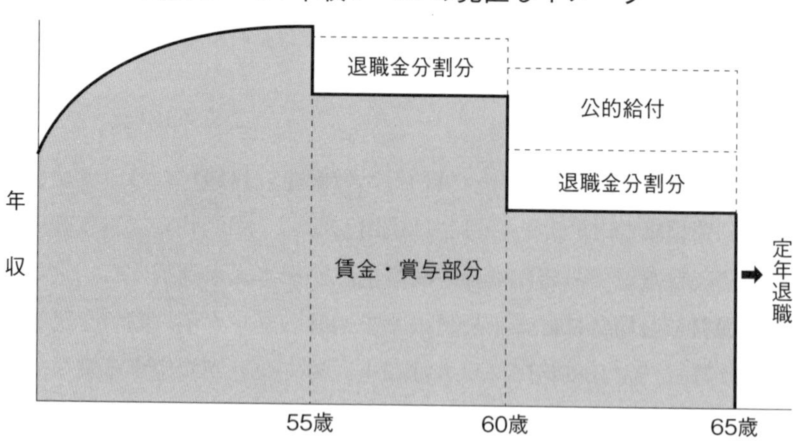

(d)　退職金制度の改定

65歳定年となることから退職金の役割も見直した。上述したように、退職一時金のうち、56歳以上退職者に支給する定年加算金を廃止して、56歳から賞与時に分割支給することとした。定年加算金は定年退職一時金の約40％を占めていた。退職金の所得税率は低いのに対して、退職金を賃金として分割支給すると所得税が増加するので、分割支給額に10％上乗せして支給することとした。

企業年金については、支給開始年齢を段階的に60歳から65歳へと引き上げて有期年金部分の支給期間を15年から10年に短縮し、最終支給年齢は従来と同一の75歳とするという改定を行った。以上のように改定し、退職一時金の一部を分割払いとしたことなどの制度改定をしたこと、そのほか企業年金の予定利率や給付利率の引き下げも行って、退職給付債務の大幅削減を実現した。

(e)　管理職（幹部社員）への対応

管理職は65歳定年制の対象とせず、別の仕組みを導入することとした。管理職は55歳時点で、60歳以降の希望コースを以下の３コースの中から選択して申し出る、そして最終的には59歳で希望コースを再確認する、しかし希望のコースに進めるとは限らない、という内容である。

①　定年延長コース

②　再雇用コース

③　早期転進コース

第１の「定年延長コース」は、対象は部長以上のライン職、あるいは極めて高度の専門職の者であり、該当者は会社が判断する。60歳以降の処遇はそれ以前とは変わるが、その内容は個別決定である。

第２の「再雇用コース」の対象となる者は業務を通じて成果発揮の期待できる者であり、本人が希望し会社も必要であると認めた者である。このコースを選択した場合、56歳から賃金は20％ダウンし、60歳以降は別会社での再雇用が行われ、その際の処遇は個別決定となる。

第3の「早期転進コース」では、60歳で定年退職またはそれ以前に転進を図る者が対象である。本人の希望による。60歳までの処遇は従来通りである。このコースはリストラのイメージではなく、新たなキャリアにチャレンジするという前向きなコースとして用意している。

(f) 65歳定年制度の改定

以上の制度により65歳定年制を実施したが、予想に反して、大半の退職者は65歳定年を選択せず、60歳での定年退職を選択した。改善策を探るために調査を実施したところ、60歳定年退職か65歳定年退職かのいずれかの選択する時期が早すぎる、一律65歳を定年退職年齢とするのではなく60歳から65歳までの間で定年年齢を選択できるようにするべきだ、60歳以降の賃金が低すぎる、という意見が見られた。そこで、以上の意見を反映する形で2006年に制度を改定したところ60歳以降も働き続ける者が増加した。図表6－10は制度がどのように変化したかを整理したものである。

図表6－10　D社の制度改定

項　目	2000年実施	2006年改定
①退職年齢の選択	60歳　または　65歳	60～65歳のいずれかを選択
②選択時期	55歳到達年度	57歳到達年度 (59歳で最終確認)
③給与水準 (賞与を含む)	<定年延長選択者> 56～59歳＝55歳の85% 60歳～　＝55歳の50～55%	<定年延長選択者> 56～59歳＝カットなし 60歳～　＝定年到達時の60% (賃金体系には変化なし)
④勤務形態	通常勤務のみ	通常勤務を基本とする。短時間勤務、少日数勤務の設置も検討
⑤制度利用率	2000年度＝16%、低下を続けて、2005年度＝5%、2006年度＝2%	2007年度＝47% その後も40%台

資料出所：D社資料に基づき作成

■事例5：E社（衣料・繊維業）

(a)　65歳定年制への背景

E社は2009年に65歳定年制を導入した。それまでは60歳定年制であり65歳までの再雇用制度を用意していた。65歳定年制の定年退職日は誕生日の前日であり、65歳丁度で退職することとなる。

E社が65歳定年制に踏み切った理由の第1は、65歳への定年延長を通じて経営方針の一つである社員の幸せ、社員の安心感の追及を目指したことである。第2は、人事制度および退職金制度の見直しが必要であり、65歳定年制の導入を結びつけたということである。退職金制度は退職一時金75%、確定給付企業年金25%の構成であったが、65歳定年制の実施と同時に退職一時金を50%に引き下げ、新たに確定拠出企業年金25%を導入した。その結果、退職給付債務の減少を図ることができた。第3は、社員の高齢化が進行していたことを踏まえて、人材確保を強化するという点であった。

(b)　雇用・勤務形態

65歳定年制の対象者は正社員全員および準社員（準組合員、期間の定めなき雇用）である。雇用形態は、正社員および準社員としてフルタイム勤務を行うというものである。職務内容はそれまでの職務を継続し人事異動の対象となる。役職定年制はなく、60歳以降も役職を継続することができる。短時間勤務を希望する場合には、65歳定年の適用を外れて、いったん退職して再雇用制度が適用される。

(c)　60歳以降の賃金水準と退職金

60歳台の月例賃金は60歳到達時の本給の50～100%に設定される。すなわち、制度上は、まったく低下しないケースもあれば最大5割まで低下することがある。60歳到達時の本給のどの程度の割合となるかは、60歳到達直前の過去3年間の人事評価の平均によって決定する。

図表6－11が60歳台の最初の賃金設定の基準を示している。人事評価の平均評点（100点満点）に応じて本給の何％となるかを示している。

図表6－11　60歳到達後の新賃金の設定基準

人事評価点数（60歳到達直前3年間の平均評点）	職　群			
	上級職	中級職	初級職（業務職）	初級職（一般職）
	当初の本給比率			
100点	100%	100%	100%	100%
85点	90%	90%	｜	｜
80点	｜	｜	80%	75%
75点	80%	80%	｜	｜
70点	｜	｜	｜	｜
60点	70%	70%	70%	65%
59点以下	50～69%	50～69%	50～69%	50～64%

資料出所：E社資料に基づき、筆者作成

標準的なケースは75％であり、60歳到達時の本給の４分の３の水準である。60歳以降も課長、係長などのライン長を継続する社員は100％の水準であり本給の減少はない。また、高度技能者（マイスター）は85％の水準である。

60歳以降の当初の賃金は以上のように決められるが、その後も毎年の人事評価の結果によって変動する。S評価であれば３～５ポイント増、すなわち当初75％の標準者のケースであれば78～80％の水準に高まるということである。A評価であれば１～２ポイント増、すなわち当初75％の標準者のケースは76～77％へ、B評価であれば75％のまま変更はなく、C評価であれば１～10ポイント減となる。D評価であれば11～50ポイント減としている。なお、ダウンする場合でも、定年到達時の賃金の50％は最低限確保される仕組みである。人事評価の内容は60歳以前と同じ内容で行われる。

手当については、家族手当、住宅手当などは60歳前と同基準で同額を支給する。賞与については、賞与全体の6割を占める本給比例部分については、本給が上述のように低下することから低下した本給に比例して減少する。他方、賞与の4割を占める業績反映部分については減少しない。したがって、本給が75%水準となる標準者についてみると、賞与の支給水準は60歳到達時を100とすると60歳台では85の水準となる。退職金については、ポイント制の退職金制度であり60歳で金額が確定する。退職金にはその後の勤続年数は反映されない。また、確定給付年金は60歳から支給される。

(d)　60歳台賃金の決定根拠

標準者の本給を75%に設定したのは、65歳定年制を導入した場合に今後5年間で人件費総額がどれほど増加するか、という試算を行った結果に基づいている。ライン長継続者は100%、それ以外の者は75%という前提で試算したところ、賃金源資は約1%の増加という結果となり、その程度の負担増であれば経営上耐えられるということから75%水準に設定した。その結果、再雇用制度の場合の標準的年収が400万円であったのに対し、65歳定年制の場合には標準的年収は520万円まで高まることとなった。これは60歳到達時年収の約80%に相当している。

(e)　昇給、昇格とベースアップ

60歳以降は昇格、昇給の対象外となる。職群として上級職、中級職、初級職があり、各職群は幾つかの等級に分かれるという「職群等級制度」を採用している。各社員は職群と等級が定まっているが、60歳以降は定年到達時の職群と等級が変更されることはなく、維持継続することとなる。本給は職群と等級に応じて定まっており、したがって60歳以降の本給は定年到達時のまま変化しないこととなる。ただし、本給に乗ずる比率は前述のように50%から100%であり、毎年人事評価に応じて変化する。ベースアップが実施された場合には本給表が改正されることから、60歳台においても結果的にベースアップは実施されることとなる。

(f)　月収モデル

図表６－12は上級職のモデル月収を示している。60～65歳の本給は75％水準に低下するが、確定給付企業年金のうちの60歳から支給される有期年金部分を加えると86％の水準となる。確定給付企業年金は10年間の有期年金と終身年金で構成されている。確定拠出企業年金は60歳から70歳までの間に支給開始時期を自由に指定できる５年ないし10年の有期年金制度である。

図表６－12　モデル月収（上級職のケース）

項　目		60歳以下	60～65歳	65～70歳	70歳以上
モデル月収		36万円	31万円	26.5万円	24.5万円
内訳	本給	36万円	27万円	—	—
	確定給付年金	—	4万円	4万円	2万円
	確定拠出年金	—	—	4万円	4万円
	公的年金	—	—	18.5万円	18.5万円

資料出所：Ｅ社資料に基づき筆者作成

■事例６：国家公務員の65歳定年制

《１　国家公務員の65歳定年実現に至る経緯》

国家公務員の定年年齢を60歳から65歳へ段階的に引き上げる法改正が、2021年の通常国会で成立した。2011年に人事院が提言してから約10年経過して実現の運びとなった。

詳細な経緯については第５章第２節において述べたところである。ここでは簡単に経緯について触れておくこととする。

2011年、人事院は定年年齢を65歳に引き上げることが適当とする意見の申出を行ったが、時期尚早として見送られた。

2017年、政府は、「経済財政運営と改革の基本方針2017」（閣議決定）において「公務員の定年の引上げについて、具体的な検討を進める」として、2018年２月、人事院に対し、詳細な人事制度設計を含め、定年引上げを検討するよう要請した。

2019年度以降、数度にわたって国家公務員法改正案を国会に提出し、2021年通常国会において成立したものである。

《２　定年年齢引き上げの必要性》

「意見の申出」では、65歳への定年年齢引上げについて、概略、次のように述べている（一部内容を変更している）。

少子高齢化が急速に進展し、若年労働力人口が減少する中で、意欲と能力のある高齢者が活躍できる場を作っていくことが社会全体の重要な課題となっている。公務部門では、2014年度以降、民間の再雇用者に相当する再任用職員は相当数増加しているが、８割ほどがパートタイムであり、職員の能力及び経験を十分にいかしきれておらず、公務能率の低下が懸念される状況にある。定年を段階的に65歳に引き上げフルタイム勤務で職員の能力及び経験を十分に活用することが不可欠であり、これにより、採用から退職までの人事管理の一体性・連続性を確保し、雇用と年金の接続も確実に図られることとなる。

《３　定年の段階的引上げ》

現行60歳の定年を2023年度から、次のスケジュールで2031年度に65歳となるように、段階的に引き上げる。

図表6－13　国家公務員の定年年齢引き上げスケジュール

引上げスケジュール	新定年年齢
～2023年3月	60歳
2023年4月　～2025年3月	61歳
2025年4月　～2027年3月	62歳
2027年4月　～2029年3月	63歳
2029年4月　～2031年3月	64歳
2031年4月　～	65歳

2011年の「意見の申出」においては、2025年度から報酬比例年金部分が65歳からの支給となることを踏まえて、2025年度から65歳定年となるように設計したが、上述の経緯により65歳定年となるのは6年ほど遅くなった。

今回の法改正により、国家公務員の新定年年齢は図表6－14の通りである。

図表6－14　国家公務員の定年年齢

区分	職員	現行定年年齢	新定年年齢
一般職	事務系職員	60歳	65歳
	事務次官、外局の長官、財務官、内閣法制次長、警視総監など	62歳	65歳
一般職	・検察官 ・守衛、巡視等の監視、警備等の業務に従事する者 ・用務員、労務作業員等の庁務、労務に従事する者 ・研究所、試験所等の副所長 ・在外公館の職員 ・宮内庁の職員のうち式部官など	63歳	65歳
	・検事総長、迎賓館長、宮内庁次長、金融庁長官、国税不服審判所長	65歳	
	・研究所、試験所等の長、 ・病院、刑務所、検疫所などの医師	（医師等は66歳から70歳）	

特別職	・防衛省事務官	一般職事務系職員と概ね同じ
	・最高裁判所及び簡易裁判所の裁判官	70歳
	・高等裁判所、地方裁判所及び家庭裁判所の裁判官	65歳
	・裁判所職員	一般職事務系職員と概ね同じ
	・国会職員	一般職事務系職員と概ね同じ

資料出所：総務省資料に加筆修正

《４　定年年齢引上げに伴う雇用管理》

65歳定年制の導入に合わせて、組織活力の維持の観点から幾つかの人事管理改革も提言している。

第１は、役職定年制度の導入である。組織の新陳代謝を図り組織活力を維持するため、能力・実績に基づく人事管理が徹底されるまでの間の「当分の間」の措置として、本府省及び地方部局などの管理監督職が60歳に達した場合に、他の官職に異動させることとする役職定年制を導入する。60歳に達した日以後における最初の４月１日までに他の官職に異動させる。ただし、特別な事情がある場合には例外的に引き続き管理監督職に留まれるよう措置する。

第２は、60歳超の職員の就業ニーズが様々であることに鑑みて、再任用短時間勤務制の導入を行うとしている。短時間勤務（パート）を希望する職員は退職して、定年までの再任用（＝再雇用）短時間勤務のポストに異動することが可能となる制度である。

第３は、能力・実績に基づく人事管理の徹底、そして若年期から高齢期に至る能力開発の充実・強化である。具体的には、職員の能力・業績の的確な把握、短期間で頻繁に異動させる人事運用の見直し、年次的な昇進管理の打破等、能力・実績に基づく人事管理を徹底することである。また、節目ごとに職員の将来のキャリアプランに関する意向を聴取し、職員の能力を伸ばし多様な経験を付与する機会を拡充する措置を講ずるとしている。

《５　60歳台の基本給、手当・賞与と退職金》

<基本給>

60歳から65歳までの５年間の定年延長期間の賃金については、「当分の間」、「俸給月額を60歳前の７割に設定する」としている。

一般職国家公務員の賃金表（俸給表）は、職務レベルを示す等級（１級～10級）ごとに号俸（１号～最大125号）があり、各国家公務員には等級と号数が決まっており、等級と号数に対応する俸給が基本給として支給されている。60歳以降も等級と号数は維持され、その７割が支給されることとなる。

<手当及び賞与>

手当については、本府省業務調整手当、初任給調整手当、特別勤務手当、宿日直手当などは原則として60歳以前の７割とするが、扶養手当、住居手当、通勤手当、単身赴任手当、特殊勤務手当、寒冷地手当は60歳以前と同額とする、としている。

俸給月額の一定比率である手当、すなわち地域手当、広域異動手当、研究員調整手当などは俸給月額に連動して７割に減少する。

賞与については、その名称が期末手当、勤勉手当という名称であり、俸給月額の一定比率で決めている手当に該当することから、俸給月額に連動して７割に減少する。

<退職金>

退職手当（退職金）は「当分の間」、60歳以降定年前に退職した場合には、「自己都合」退職の支給率ではなく「定年」退職と同じ有利な支給率が適用されることとなっている。また、上述のように俸給月額が７割となり退職金が減額される恐れに対しては、「俸給月額が減

額されたことがある場合の特例」制度があり、定年延長による退職金への不利益は生じないようになっている。

＜短時間職員の賃金＞

短時間職員については原則として労働時間に比例した給与とする。ただし、フルタイム職員の手当のうちの減額なしの手当（上記の扶養手当、住居手当、通勤手当、単身赴任手当、特殊勤務手当、寒冷地手当）は、短時間職員についても同額とする、としている。

＜基本給を７割とする根拠＞

基本給は上述のように70％とするとしているが、その根拠は民間企業の賃金実態分析から70％が妥当である、という分析結果に基づいている。国家公務員の労働条件は民間準拠が原則であることから、民間水準を参考にして決めたのである。図表６－15はその分析結果をまとめたものである。

図表６－15　民間の60歳台前半層（正社員）の給与水準の状況

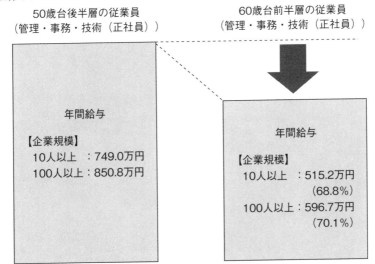

50歳台後半層の従業員
（管理・事務・技術（正社員））

年間給与

【企業規模】
10人以上　：749.0万円
100人以上：850.8万円

60歳台前半層の従業員
（管理・事務・技術（正社員））

年間給与

【企業規模】
10人以上　：515.2万円
（68.8％）
100人以上：596.7万円
（70.1％）

資料出所：人事院「定年を段階的に 65 歳に引き上げるための国家公務員法等の改正についての意見の申出のポイント」（2018 年８月）

（注）図表内の原数値は、厚生労働省「賃金構造基本統計調査」の 2015 年から 2017 年の３年平均である。

《6　7割水準の賃金及び役職定年制の見直しの予定》

実現した65歳定年制は、60歳以降の賃金がそれ以前の7割水準に低下することから、本書でこれまで述べてきた「高齢者分離型65歳定年制」に該当する。

法改正においては、60歳以降の賃金は「当分の間」7割とするとしており、将来的には定年前後で賃金水準が連続的なものとなるよう2031年3月までに所要の措置を講ずる、とも述べている。

したがって、長期的には「全社員統一型65歳定年制」に切り換えるとしている。役職定年制についても「当分の間」の導入である、としていることから、能力・実績主義が浸透した段階で、65歳まで役職を継続できる制度にしていこうとする考えを示した表現となっている。

第3部

ジョブ型賃金の推進・活用

第1部において詳述したように、わが国では国内労働力が減少する時代に入っている。長期にわたって出生率の減少、少子化の進行が続いていることから、国内労働力の減少は今後もますます進行していくこととなる。

他方、人口の高齢化が進行しており、労働力の高齢化も同時に進行している。高齢者の就業意欲は極めて高いことから、貴重な高齢労働力を積極的に活用する狙いも含めて、2021年４月に70歳就業法（＝改正高年齢者雇用安定法）が施行された。70歳就業法は企業に対して従業員の70歳までの活用を求めており、わが国ではこれまで以上に高齢労働力の積極的活用が進められつつある。

個別企業の立場からすると、若年労働力、中年労働力が減少しつつある今日、高齢労働力に頼らざるを得ない状態となっており、高齢労働力の活用を進める中で、高齢者のやる気を引き出す人事管理施策を進めなければならない。

人事管理施策の中でも最も重要であるのが賃金制度である。高齢労働力の大多数は働き続ける理由として「生活の糧を得るため」としているからである。今後ますます労働力の高齢化が進行する中で、高齢労働力の活用のためだけではなく、全従業員がやる気が出るような賃金制度を構築しなければ、企業の活力を生み出すことはできない。では、どのような賃金管理が求められるであろうか。

多くの企業の賃金制度をみると、能力・実績主義（成果主義）賃金の方向に向かいつつも、今なお年功賃金が色濃く残っているのが実態である。しかし、企業内労働力の高齢化がますます進みつつある現在、どの企業にとっても、賃金制度における年功賃金的な要素は取り除かざるを得ない。

全従業員が納得すると共に「やる気」の出る賃金となると、従業員それぞれの働きを反映した賃金とならざるを得ない。それを実現する賃金制度が「ジョブ型賃金システム」である。

本書第2部では、70歳就業法が施行された今日、「全社員統一型65歳定年制」が日本経済、日本企業にとって必要であることを述べた。「全社員統一型65歳定年制」の下で必要とされる賃金制度が「ジョブ型賃金システム」である。「ジョブ型賃金システム」の下での賃金は労働者の担当職務に応じて設定する「ジョブ型賃金」であり、具体的賃金項目としては職務給が該当する。

役割給（担当する役割の内容に応じて決める賃金）や職責給（職責の内容、職責の大きさに応じて決める賃金）という用語があるが、いずれも労働者が担当する職務内容を基準として賃金を決めることから「ジョブ型賃金」の一種類と見ることができる（下記の注を参照）。

以下の第7章では、わが国の長期的な賃金制度の変化をみると共に、すでに「ジョブ型賃金」が広がりつつあること、様々な要因が「ジョブ型賃金」を推進するように作用していること、「ジョブ型賃金」は人事評価を実施しやすいことなどを述べている。

第8章においては「全社員統一型65歳定年制」に相応しい賃金は「ジョブ型賃金」であることを述べている。また、定年後の高齢労働者は非正社員となることも多いことから、正社員と非正社員との間の不合理な待遇差の禁止を規定した同一労働同一賃金規定、および関連する判例を述べ、非正社員の適切な処遇に必要な事項を述べている。

最後に第9章で「ジョブ型賃金システム」及び「ジョブ型賃金」を実践するために必要となる職務評価手法やジョブ等級制度の設計方法などを記述している。

(注)本書での賃金用語等に関する留意点

1 ジョブ型賃金の概念

職務給とか職能給、年齢給などの賃金用語は法律用語ではないから、その内容は曖昧である。A企業の年齢給とB企業の本人給が、名称は異なっても、全く同一の賃金であることがあり得るし、A企業の業績給とB企業の業績給が名称は同一であっても、内容は全く異なるということも考えられる。それぞれの企業が賃金に対して自由に名称を付けるからである。

日本では、職務給、役割給、職階給、職責給という用語が利用されることがある。いずれも労働者の担当する職務の内容、役割、職階、職責に焦点を当てて賃金を決める考えであり、職務内容が基礎となって決める賃金に他ならないから「ジョブ型賃金」に属する賃金である。

本書第3部においては「ジョブ型賃金システム」及び「ジョブ型賃金」について様々な角度から記述しており、「ジョブ型賃金」の具体例として職務給を取り上げることが多い。役割給を採用している企業があれば、本書の職務給とされている箇所を役割給として読むと理解が進みやすい。同様に、職務等級制度とされている箇所は役割等級制度とすればよい。

2 ジョブ型賃金システムとジョブ型賃金の関係

「ジョブ型賃金システム」とは、図表7−2に示したステップ1からステップ5までを含む概念であるのに対して、「ジョブ型賃金」はステップ1からステップ4までの準備の結果として決まる賃金を指し、図表7−2で言えばステップ5の部分を指している。

3 成果主義と能力・実績主義の関係

本書では、「成果主義」と同一の意味でしばしば「能力・実績主義」という表現を利用している。これは「成果」という用語の意味が曖昧であることから、成果主義に代わる表現として能力・実績主義を用いているのである。

第７章
「ジョブ型賃金システム」とこれからの賃金制度

1　ジョブ型賃金システムとは何か

(1)　メンバーシップ型雇用システムとジョブ型雇用システム

経団連は、毎年１月、春闘における経営者側の雇用・賃金・労使関係に関する姿勢を表わした「経営労働政策特別委員会報告」を公表している。2020年及び2021年の報告において、新卒一括採用、長期雇用、年功型賃金といった特徴を有する日本型雇用システムの見直しの必要性を論じ、日本企業のメンバーシップ型雇用システムと欧米企業のジョブ型雇用システムについて言及した（注）。

（注）経団連報告や新聞報道等では、メンバーシップ型雇用システム及びジョブ型雇用システムを記述する際に、双方ともシステムを省略して、単にメンバーシップ型雇用、ジョブ型雇用と表現する例が多い。
本書では、図表７－１から示したそれぞれの内容からも分かるように、メンバーシップ型雇用、ジョブ型雇用という用語表現では不十分であることから、システムを付して本来の用語表現であるメンバーシップ型雇用システムとジョブ型雇用システムを用いることとする。

上記報告が契機となって、メンバーシップ型雇用システムやジョブ型雇用システムに関する議論が高まってきており、富士通、日立製作所、KDDIなどの一部大企業においては、日本的なジョブ型雇用システムの導入を進めている。

メンバーシップ型雇用システムとは、大企業中心に行われてきている日本型雇用システムのことであり、新卒一括採用、長期雇用、年功型賃金といった特徴を有している。世界的には例を見ない日本企業特有の雇用システムである。

ジョブ型雇用システムは欧米企業だけではなく、中国をはじめ東南アジア諸国でも広く行われている雇用システムである。ジョブ型雇用システムは、企業活動のために必要となるジョブ（職務）を人事管理の中心に据えるものである。

ジョブ型雇用システムの下では、企業は新たに必要となった職務あるいは欠員が生じた職務が発生した場合、職務内容やその職務に対応する賃金を明示して公募する。公募された職務内容をみて、担当可能であると思う者が応募し、会社が担当可能であると判断すれば採用に至ることとなる。したがって未経験者の多い新規学卒者は、欧米では日本とは異なって、なかなか採用されにくいこととなる。欧米で若年失業率が高いのは経験者優先の採用システムであるジョブ型雇用システムの影響が大きい。

ジョブ型雇用システムの下では、昇進・昇格は自動的には生じない。担当職務の内容が拡大して担当職務がこれまで以上に高く評価されるようになった場合、あるいは所属する業務分野で上位の職務が空いた時に社内募集があれば応募して採用された場合に昇進あるいは昇格が実現する。職務内容が変化せず、社内募集に応じなければ昇進も昇格も発生しない。

メンバーシップ型雇用システムの日本企業の場合には、人事異動を通じて社員に様々な業務を経験させて、その過程で昇進・昇格することとなる。社員は「待ちの姿勢」で人事異動や昇進・昇格が実現することとなる。

ジョブ型雇用システムである欧米企業では、社員は専門能力を高めることで、現在の職務よりも高い能力を求める職務（ジョブ）の社内募集があれば応募したり、他社の公募に応募することで、職業生涯の中で次第に職位や賃金を高めていくことが可能となる。本人に昇進・昇格意欲が無ければ、あるいは能力が高まらなければ、いつまでも同一の職務に留まることとなり、賃金はあまり上昇しない。

図表7－1はメンバーシップ型雇用システムとジョブ型雇用システムの特徴を分かりやすく比較した表である。日本企業が考えているジョブ型雇用システムは、メンバーシップ型雇用システムとジョブ型雇用システムの折衷であり、図表7－1に示すジョブ型雇用システムの内容とは異なることに注意しなければならない。

図表7－1　メンバーシップ型雇用システムとジョブ型雇用システムの比較

比較項目		メンバーシップ型雇用システム	ジョブ型雇用システム
採用		・就社（特定の会社に入る） ・未経験者の新卒一括採用が中心	・就職（特定の職務に就く） ・即戦力となる経験者採用が中心
社内異動		・新たな職務内容や勤務地は会社が決定	・新たな職務内容や勤務地は本人が決定
キャリア形成		・会社主導の昇進・昇格 ・企業内異動を通じて様々な業務を経験 ・ジェネラリストとして発展	・本人主導の昇進・昇格 ・昇進・昇格あるいは転職を通じて、特定分野の専門能力向上 ・スペシャリストとして発展
雇用、雇用期間		・企業の雇用責任は大きい ・定年までの長期雇用、長期勤続が前提 ・転職がしにくい	・企業の雇用責任は小さい ・担当職務が廃止されれば退職となる ・転職は比較的容易
賃金		・人間基準の賃金 ・職能給 ・生活給、年功賃金 ・必ずしも同一労働同一賃金とはならない ・個人の能力・業績を強く反映しにくい	・仕事基準の賃金 ・ジョブ型賃金（職務給、役割給、職責給、仕事給等） ・同一労働同一賃金となる ・個人の能力・業績を強く反映できる
メリット	労働者	・雇用・生活が安定	・特定分野の専門能力を高められる ・職務内容・勤務地を決められる ・転職しやすい ・個人の能力を発揮しやすい

メリット	企業	・人材を必要に応じて自由に配置できる ・定着率や企業忠誠心を高める	・能力・実績主義（成果主義）を実践しやすい ・テレワークを実践しやすい
デメリット	労働者	・特定分野の専門家になりにくい ・職務内容・勤務地が自由にならない ・転職しにくい ・個人の能力を発揮しにくい	・新規学卒者は就職しにくい ・雇用が不安定である
	企業	・専門人材が育ちにくい	・企業主導の人事異動が難しい

資料出所：筆者作成（注）

（注）ジョブ型雇用システムや次節で述べるジョブ型賃金、あるいは第９章で詳述する「ジョブ等級制度の設計」について、アメリカ企業の実態がどのようになっているかを拙著の『アメリカの賃金・評価システム』及び『最新アメリカの賃金・評価制度』（いずれも経団連出版）で詳述している。これらを通読することで、ジョブ型雇用システム、ジョブ型賃金に対する理解が一段と深まると思われる。年齢差別禁止法のあるアメリカで、どうして日本のような定年制なしで70代、80代の高齢者を正社員として雇用可能となっているのかが理解できよう。

(2) ジョブ型賃金とは何か

ジョブ型雇用システムに対応する賃金システムがジョブ型賃金システムである。欧米企業はジョブ型雇用システムとジョブ型賃金システムを両輪として人事管理を進めている（注）。

（注）アメリカ企業では、企業活動で必要となるジョブ（職務）を整理し、ジョブに労働者を割り当てるという原則の下で、その原則に従った募集・採用、賃金・処遇、人事評価、昇進・昇格、配置、異動、能力開発、退職を推進するという人事管理が一般的である。ジョブ型雇用システムとかジョブ型賃金システムという人事管理用語は日本での造語であり、アメリカには存在しない。

ジョブ型賃金システムは、労働者が担当する職務に対応する賃金やその決め方などを指している。「労働者が担当する職務に対応する賃金」とは、具体的には、職務内容の難易度、複雑度、困難度などをしっかり評価して、難易度や複雑度や困難度などが高ければ高いほど高い賃金とするという考え方で決まる賃金、ジョブ型賃金、のことで、日本の賃金用語としては職務給が対応する。

ジョブ型賃金システムを丁寧に実践するには、図表7－2に示した手順で行うことが求められる。

図表7－2　ジョブ型賃金システムの実践手順

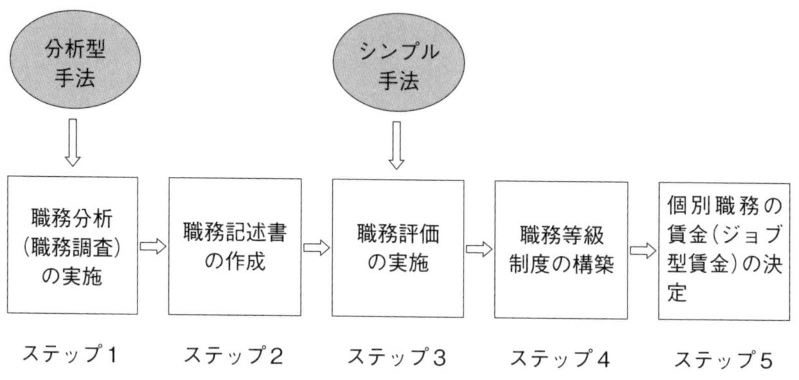

「労働者が担当する職務に対応する賃金（ジョブ型賃金）」を決めるには、何よりも職務内容が分からなければならない。職務内容の調査を行う手順がステップ１の職務分析（job analysis、ジョブ・アナリシス）であり、企業内の全ての職務の調査を行う。多数の職務調査結果を比較しやすいような形式で整理した書類が個別職務ごとに作成する職務記述書（job description、ジョブ・ディスクリプション）である。これがステップ２の段階である。

職務記述書には、職務内容が整理されて記載されているから、個々の職務の内容・役割が明確になっている。具体的には、担当職務の内容に加えて、意思決定の内容、職務上の対人関係、職務の複雑度、担当職務に必要な知識・技能、責任の内容などである（後掲図表９－４に職務記述書の例を示している）。

職務記述書を基にして、各職務の企業にとっての価値（重要度）を決定する。それがステップ３の職務評価（job evaluation）である。

すべての職務の職務評価が終われば、次にステップ４の職務等級制度を構築する。これは職能等級制度と類似しており、職能等級制度は職務遂行能力の高い者ほど高い職能等級に格付けされるように、職務等級制度では職務価値が高い職務ほど、高い職務等級に格付けされることとなる。

以上で、全ての職務の職務等級が定まる。各職務等級に上限賃金と下限賃金を定めておいて、個々の職務の賃金は格付けされた職務等級に対応する賃金のどこかに決められることとなる。これがステップ５の段階である。

以上はジョブ型賃金システムの実践手順のポイントを示したものであり、第９章「ジョブ型賃金とジョブ等級制度の設計」では詳しく述べている。

(3)　様々な賃金の決定方法とジョブ型賃金

日本企業における個々の労働者の基本的賃金（基本給）の決め方は実にさまざまであり、さまざまな賃金用語が利用されている。しかし丁寧にみていくと、幾つかの種類に分類できる。それを整理したのが**図表７－３**である。大きく分けると３種類がある。

図表７－３　基本給の種類

種類	賃金の決定要素	代表的賃金項目	類似する賃金項目(注)
人間基準	職務遂行の能力	職能給	経験給、技能給、(年功給、勤続給)
	生活費	年齢給	(年功給,総合決定給)
	年功	勤続給	勤続給、年齢給、(総合決定給)
仕事基準	仕事の内容 (難易度、責任度等)	ジョブ型賃金	
		職務給	役割給、職位給、職階給、 職種給、職責給、(業績給)
個人能率基準	個人能率、個人成果	能率給	歩合給、出来高給、(業績給)

資料出所：筆者作成

（注）表頭「類似する賃金項目」の下での年功給、勤続給、総合決定給、業績給について（　）が付されていることがあるが、これは企業によって、その決め方が様々であることから、決め方次第で該当したり、しなかったりするということを意味している。

① 人間基準の賃金

第1の「人間基準の賃金」は、日本型雇用システム（＝メンバーシップ型雇用システム）の下で多くの日本企業が今日まで利用してきている賃金である。労働者の保有能力（職務遂行能力）や年齢、学歴、経験、勤続年数、家族構成といった個々の労働者の属性等に着目して賃金を決める考え方である。労働者に着目することから、しばしば「人間基準の賃金」と表現されるのである。

職能給・職能資格（＝職能等級）制度は、労働者の保有能力（職務遂行能力）を評価して職能資格（職能等級）と職能給を決めるもので、わが国では高度経済成長時代以降、大企業を中心に広がり、今日においてもなお数多くの企業が利用している。従業員の生計費に配慮した年齢給（本人給とか基礎給と表現されることも多い）は、わが国独特の賃金であり、欧米企業には基本的には存在しない。

② 仕事基準の賃金

第2の「仕事基準の賃金」は労働者の担当する仕事に着目して決める賃金のことであり、ジョブ型雇用システムを利用する欧米企業で利用されている。代表的な賃金が職務給であり、担当職務の責任度、難易度、複雑度などを反映する賃金である。

職務給はジョブ型雇用システムと密接に結びついている賃金であるが、メンバーシップ型雇用システムの日本企業においても、職務内容を基準として賃金を決めるならば、それは職務給に該当する。

わが国で職務給に類似する賃金として、図表7－3に掲げたように、役割給、職責給等がある。役割給は1990年代初頭のバブル経済の崩壊以降に徐々に広がってきた成果主義（能力・実績主義）賃金の中に取り入れられている賃金であり、企業内における各従業員の役割の重要度・難易度・複雑度などに基づいて決める賃金である。

多くの企業での役割給の決め方をみると、役割等級制度を用意して、該当する等級に設定した賃金とする、というものである。上述の図表７－２に沿って役割給を決定する場合には役割分析や役割評価が必要となるが、そこまで丁寧に行わない企業も多い。職責給も同様に決められている。

アメリカ企業でも職務給の決定において、多くの日本企業の役割給の決定と同様に、図表７－２のステップ１から丁寧に行わない企業も少なくない。したがって、アメリカ企業の職務給と言っても、丁寧に時間をかけて決める企業もあれば、そうではない企業もあり、職務給は現実には様々であり、重要な点は労働者の担当職務を基準として賃金を決める、ということである。

以上から分かるように、ジョブ型賃金システムとは仕事基準の賃金の決め方、実施手順などを指し、ジョブ型賃金システムに分類される具体的な賃金、ジョブ型賃金、としては図表７－３に示したように職務給、役割給、職責給などが該当することとなる。

③　個人能率基準の賃金

第３の「個人能率基準の賃金」は、個人能率が決定要素である賃金である。タクシーの運転手や生命保険の営業マンの売上高や契約高に応じて決まる歩合給を連想すると理解しやすい。

従業員一人ひとりの能率や売上高、生産量が数値として明確に分かる場合、能率や売上高、生産量を反映する賃金体系としなければ、従業員は担当する職務に対するモチベーションが低下して生産性は大きく低下することとなる。したがって、洋の東西を問わずどの企業でも、従業員一人ひとりの能率・成果の達成量が明確に分かる場合には、従業員のモチベーションを高く保つために「個人能率基準の賃金」を採用しているし、また採用せざるを得ない。

2　ジョブ型賃金に向かう日本の賃金制度

日本企業の今後の賃金制度の方向を考えるために、わが国の賃金制度がこれまでどのように推移してきたかを概観することとする。賃金制度のみならず、あらゆることに通ずるのであるが、過去を振り返ることは将来を考える上での重要な手掛かりとなるからである。

周知のように、我が国の賃金制度は今日に至るまで年功賃金であると指摘されることが多い。確かに、多くの企業で、依然として年功賃金の様相を色濃く残しているという実態がある。しかし、賃金制度の長い歴史をみると様々な動きがあり、その結果として今日の賃金制度に至っているのである。

第2次大戦前や戦中にも賃金制度をめぐる様々な動きがあり、それは戦後に引き継がれているのであるが、以下では戦後の動向に限定することとする。

(1)　戦後直後の賃金制度

第2次大戦後の日本の賃金制度の変遷をたどると、戦後直後から昭和20年代は、戦後復興を遂げつつある中、厳しい経済環境の下で多くの労働者の生活は大変苦しい状況にあった。そこで家族を抱えた中高年世帯主を手厚く処遇するために、年齢や家族構成を重視した生活給体系の導入・整備が行われた（注）。

生活給体系の中の基本給をよくみると、年齢と勤続年数に大きく依存する賃金体系となっていた。すなわち、年功賃金の様相を呈していたのであり、年功賃金は戦前ではなく、戦後のこの時期に完成したとする主張もある。

（注）生活給体系の萌芽は戦前に生まれ、戦後に自由化された労働組合運動により開花したのである。

図表７－４ 戦後日本の賃金制度の変遷

時代区分		賃金制度のポイント
Ⅰ	戦後直後から昭和20年代 （1945～1950年代）	・年功主義に基づく賃金の時代 ・生活給（年功給）の完成
Ⅱ	高度成長期からバブル経済まで （1960年代から1990年代初頭）	・能力主義に基づく賃金（職能給）の普及 ・職能給・職能資格（職能等級）制度の発展 ・年功主義賃金を色濃く残す
Ⅲ	バブル経済後から最近まで （1990年代から2020年代初頭）	・成果主義（能力・実績主義）賃金への転換 ・役割給という名のジョブ型賃金の導入 ・年功主義賃金は弱まるが依然として色濃く残る
Ⅳ	将来 （2020年代以降）	・成果主義（能力・実績主義）の浸透 ・仕事基準賃金の強まり・広がり

資料出所：筆者作成

⑵ 高度経済成長時代の賃金制度

その後、日本経済が落ち着き、経済復興・経済発展を目指す中で、仕事や働きに応じた賃金が従業員の「やる気」を引き出し、企業や日本経済の戦後復興、発展を支えるという観点から賃金制度改革が模索され、そうした動きの中から能力主義に基づく賃金・人事管理が進められることとなった。

能力主義に基づく賃金管理とは、職能資格（＝職能等級）制度を基礎とした職能給を基本給の主軸とする考え方であり、職能給は従業員の職務遂行能力を基準として賃金決定を行うという賃金である。職能給・職能資格（＝職能等級）制度は能力主義の考えが根底にあり、従業員の能力開発を促進することから大企業を中心にその導入が広がった。当時、一部で主張されていた仕事を基準として賃金を決めるという職務給導入論も注目され、一部産業では導入された。職能給は職務給を日本的に改良したという性格を有する賃金でもある。

高度経済成長時代を迎えて発展する日本経済と共に、多くの企業も順調に発展する中で職能給・職能資格制度に基づく賃金管理は多くの企業に受け入れられて、理論的・制度的にも改良され発展した。

(3)　バブル崩壊後の成果主義賃金

1990年代に入り、バブル経済が崩壊した後の日本経済は厳しい不況に陥り、長期に亘るデフレ経済に突入した。厳しい経済情勢の下で、多くの企業は人件費管理の強化のために賃金管理の在り方を模索することとなった。

それまで順調に発展してきた職能資格（=職能等級）制度の運用実態を分析すると、数多くの企業ではその運用が年功主義的となっていたという実態が明らかとなった。具体的には、従業員を賃金の高い上位の職能資格に昇格させる際に、年齢・勤続年数を重視する運用を行っていたのである。能力主義の賃金であるとみられていた職能給は、結果的に年功賃金とほとんど変わらない状況に陥っていたのである。それでもそれまで問題が表面化しなかったのは、日本経済が発展し、また数多くの企業は成長・拡大していたからであり、従業員の年齢構成は徐々に高まっていたものの、年功主義的運用でも多くの企業では大きな問題が生じなかったのである。

バブル経済の崩壊、企業経営の悪化に加えて、ますます進んだ従業員の年齢構成の高齢化は、職能資格（=職能等級）制度の年功主義的運用を難しくし、運用の改善を進めると共に、賃金制度の見直しを進める契機となった。

このようにして新たに誕生したのが従業員の担当業務や実績を重視する成果主義賃金の考え方である。すなわち、従業員の役割・業績に応じて賃金を決めるべきだ、とする考え方である。従業員の役割を反映する賃金として役割給が広がっていったが、役割給は職務内容を役割と表現しており、職務給と同類の賃金で、ジョブ型賃金の一種である（前掲図表7－3参照）

成果主義賃金（注）は1990年代以降、多くの企業において徐々に広がっていくこととなったが、その過程をみると、まず管理職に対して導入し、その後、管理職以外にも広げていくとする企業が一般的である。

（注）本書では、「成果主義」と同一の意味でしばしば「能力・実績主義」という表現を利用している。これは「成果」という用語の意味が曖昧であることから、その意味をもう少し明確にするためである。（第３部の冒頭の文章末に示した（注）を参照）

今日では成果主義賃金の考え方は数多くの企業に導入されているが、その内容は企業によって千差万別である。数多くの企業の成果主義賃金をみると、そこには共通して見られる特徴がある。各従業員の賃金決定を行う際に、各人の担当する職務内容（業務・役割・職責など）を重視する点である。具体的な賃金として役割給という賃金を導入した企業が多い。役割給は、上述したように欧米企業で一般的な仕事基準で決める賃金、すなわちジョブ型賃金の一種である。

⑷ 2000年代の賃金制度

2000年代に入ってからも引き続き成果主義の考えの下で、ジョブ型賃金を利用する企業が増加してきた。

図表７－５から、管理職の賃金制度の中で、ジョブ型賃金である役割・職務給を採用する企業の割合が長期的にかなり上昇していることが分かる。他方、職能給については徐々に低下する傾向が見られるが依然として60％近い企業で利用されている。

図表7－5　管理職層の賃金制度(体系)導入状況

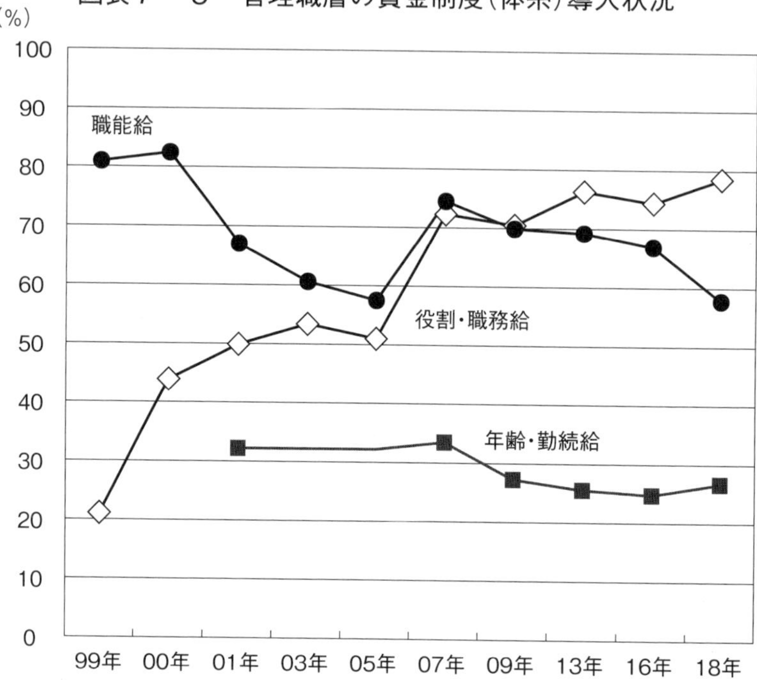

資料出所：日本生産性本部「日本的雇用・人事の変容に関する調査」
(注) 1　役割・職務給が示す比率は、役割給か職務給のいずれかの賃金項目を有する企業を合計して算出した比率である。
2　年齢・勤続給が示す比率は、年齢給か勤続給のいずれか、あるいは双方の賃金項目を有する企業を合計して算出した比率である。

図表7－6においては非管理職層の賃金制度の動きをみている。管理職層と同様にジョブ型賃金である役割・職務給を採用する企業の割合が次第に高まる傾向が見られる。

管理職層の場合と比較すると、年齢・勤続給の割合が高いこと、職能給の割合が高いこと、役割・職務給の割合が低いこと、を指摘できる。

以上の図表7－5、図表7－6の最大のポイントは、ジョブ型賃金である役割・職務給を賃金体系の一部として採用する企業の割合が次第に高まりつつある、ということである。

図表７－６　非管理職層の賃金制度(体系)導入状況

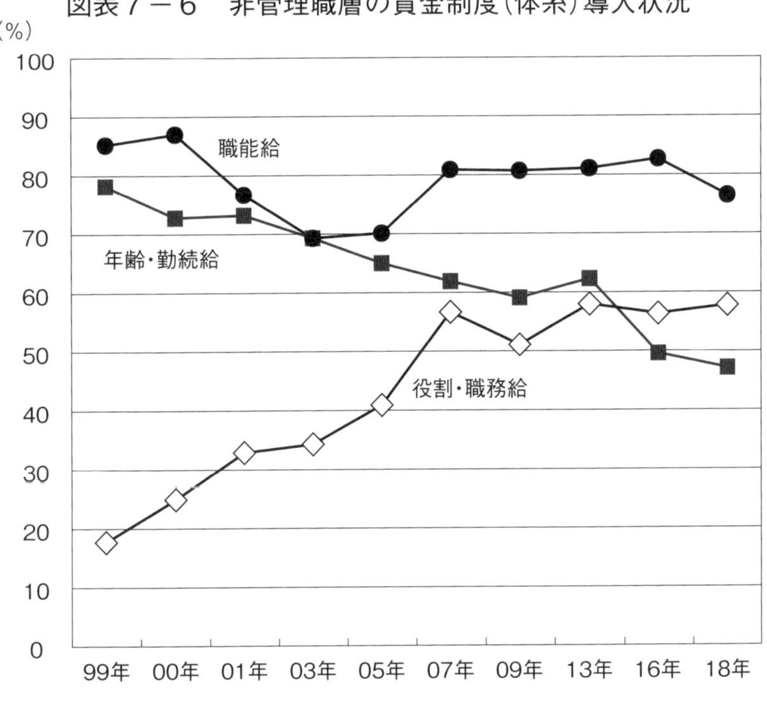

資料出所及び(注):図表７－５と同一である。

3　ジョブ型賃金の推進要因

以上はわが国の賃金制度のこれまでの動きをみたものであるが、担当する職務の内容に基づき賃金を決めるジョブ型賃金が広がる傾向は今後も続くものと思われる。それは幾つもの要因がジョブ型賃金の利用を促進するからである（図表７－７参照）。

第１に、従業員の性・年齢・職務・役割を問わず、企業内の全ての従業員の仕事に対するモチベーションを高める（「やる気」を引き出す）ことは人事管理の基本である。従業員の処遇に当たっては担当業務の重さ（仕事の重要度、職責など）を明確に反映しなければ、従業員の賃金に対する納得感・公正感は得られず、得られなければ賃金に対する不満や企業に対する不信感を高めて、仕事に対するモチベーションはむしろ低下することとなる。

年功的処遇を行なっている企業において、中高年社員が働きに見合わない高い賃金を得ていることに対して若手社員がしばしば不満を漏らすことがあるが、それは賃金の面で担当職務の重さや成果・業績をしっかりと反映していないからである。

第2に、従業員の年齢構成の高齢化である。70歳就業法の施行により少なくとも65歳まで、企業によっては70歳まで雇用することとなる一方、若年労働力の減少が続くことから企業内労働力の主力はますます中年・高齢従業員で占められることとなる。したがって、勤続年数が長く経験豊富だからといって、中年・高齢従業員の誰もが重要な役割・職責を担当することはできない。結局のところ、重要な役職は相対的に有能であると認められた従業員に与えることとならざるをえず、企業に対する貢献度は職責・役割の大きさにある程度比例することから、職責・役割の違いを賃金にしっかりと反映しなければならず、反映せざるを得ない。

第3に、次節で述べることであるが、今後ますます能力・実績主義の人事処遇が強まっていく。能力・実績主義とは成果主義と表現することもできるが、これからの企業社会では働き（生産性）に見合った賃金の支給がますます求められるからである。各人の働き（業績・成果）の大きさは各人の職責と密接に関係している。

図表７－７　ジョブ型賃金を求める圧力

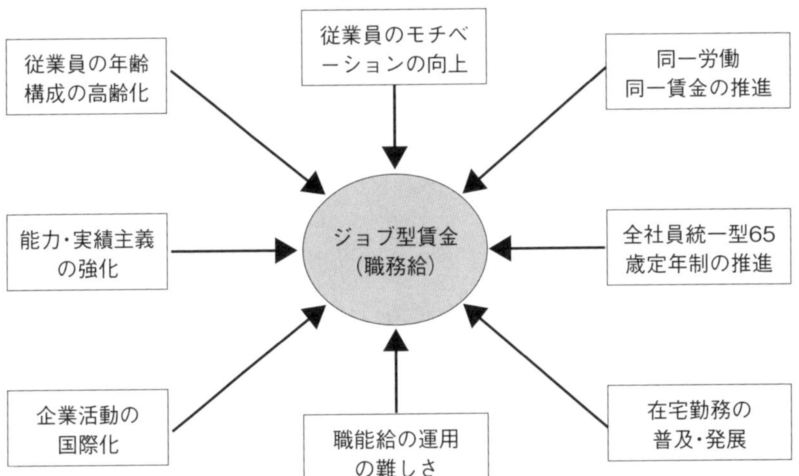

第４には、現在は60歳定年制が最も広く普及しているが、70歳就業法の施行に伴い65歳定年制が次第に広がっていくと思われる。65歳定年を採用する場合には、第５章４節で述べたように65歳までの従業員全員を同一基準で処遇する定年制、すなわち「全社員統一型65歳定年制」が日本企業や日本経済にとって望ましく、「全社員統一型65歳定年制」に最も適しているのが第８章で述べるようにジョブ型賃金であるからである。

第５には、企業活動の国際化がある。海外に進出している企業は少なくないが、欧米のみならずアジア諸国においても、従業員の賃金決定は担当職務で決めるジョブ型賃金である。担当職務で賃金を決めるのが国際標準であり、長らく職能給を中心に据えてきた日本企業の賃金制度は国際的に見ると異質であり、海外では受け入れられない制度である。

海外人材の採用・活用・定着を進めるには担当職務で賃金を決めなければならず、グローバル化の進んだ大手企業では国内外での人事処遇の統一性を図るために、ジョブ型賃金の採用を進めるところが増えてきている。

また、海外に進出していない企業の場合でも、国内で有能な外国人材の採用・活用・定着を進めていくためには、国際標準であるジョブ型賃金を採用しなければならない。

第6に職能給の運用の難しさがある。長らく利用されてきた職能資格制度や職能給の仕組みは、本章第2節で述べたように1990年代初頭までは、長期雇用を目指す日本企業には積極的に受け入れられてきた。

しかし、改めて職能資格制度を検討すると、各従業員の保有能力を適切に評価することの難しさから年功的運用になりがちなこと、担当職務の職責・役割の高まりに応じてではなく職務遂行能力の向上に応じて賃金を引き上げることから従業員ごとに「賃金＝生産性」を必ずしも実現できないこと、職能資格が同一である限り職責・役割が低い仕事になっても賃金は維持されること、という問題により人件費が増加するという問題が根底に存在する。以上の問題はジョブ型賃金には発生しない。

第7に、コロナ危機下で在宅勤務が一気に普及した結果として、コロナ危機後も在宅勤務を出来るだけ利用するとする企業が相次いでいる。こうした動向は、今後ますますジョブ型賃金の重要性をもたらすと考えられる。なぜなら、在宅勤務での各人の生産性を高めるには、在宅で処理する職務内容を各人ごとに明確にしなければならず、自ずと各人の職務・職責・役割の大きさが明らかとなっていくからである。明確にしなければ、在宅勤務の生産性は極めて低くなって、在宅勤務を継続することはできなくなる。明確になればなるほど各従業員の職務・職責・役割を強く反映する賃金、すなわちジョブ型賃金、が求められるようになるからである。

第8に、「同一労働同一賃金」への動きの影響がある。2020年から施行されたパートタイム・有期雇用労働法の「同一労働同一賃金」規定は、正社員と非正社員との間の同一労働同一賃金を規定したものであるから、正社員に限定した賃金管理には直接影響を及ぼさない。しかし、第８章５節で述べるように「同一労働同一賃金」規定では、「職務の内容」の観点から非正社員の賃金は正社員の賃金と均等ないしは均衡していなければならない。すなわち「仕事基準の賃金」の観点に立った均等・均衡を求めており、自ずと正社員の賃金決定における「仕事基準の賃金」の重要性を求めることとなるからである。

4　能力・実績主義（成果主義）の推進とジョブ型賃金

企業が全従業員のモチベーションを高めるには、これまで再三、再四述べてきたように従業員のモチベーションの上がる賃金管理を実践しなければならない。モチベーションの上がる賃金管理とは、全従業員に「働きに応じた賃金」の支給を行うことであり、賃金制度がそれに対応するように制度化されていなければならない。

ジョブ型賃金は、重要な職務・役割・職責などを担う従業員は、重要度で劣る職務・役割・職責などの従業員よりも高い賃金とする考え方に立脚しており、「働きに応じた賃金」をかなり反映している。注意しなければならないのは、同等と見ることができる職務・役割・職責などを担当する従業員が何人かいる場合、企業の期待通りに働いた従業員と不十分な働きの従業員とを同じように処遇したとしたら「働きに応じた賃金」ではなくなり、熱心に働いている従業員のモチベーションを下げてしまう。したがって、担当している職務・役割・職責などをどの程度達成したかを評価し、その評価を賃金に反映することにより初めて「働きに応じた賃金」が実現する。

以上で述べてきた「働き」のことを「企業活動への貢献度」と表現することとし、これまでの議論を整理すると「企業活動への貢献度」

は、次の式で表現することができる。「企業活動への貢献度」＝（担当職務の重要度）×（担当職務の達成度）

それを図示したのが**図表７－８**であり、図示した面積が「企業活動への貢献度」を示している。この図表は、前掲図表６－３と実質的には同一である。

図表７－８　「企業活動への貢献度」の把握

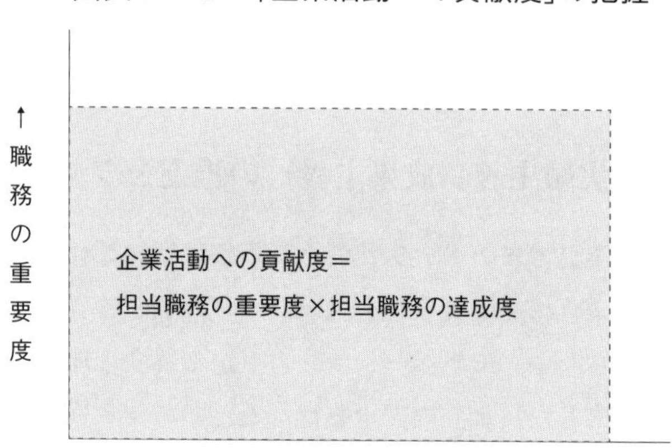

以上から、「企業活動への貢献度」の測定の手法は明らかになった。そこで問題となるのが、「担当職務の重要度」の測定をどのように行ったらよいか、ということである。

「担当職務の重要度」の測定とは、前掲図表７－２のステップ３に対応する職務評価のことであり、様々な測定方法が存在する。職務評価の詳細については第９章で述べている。

以上により、ジョブ型賃金を採用すると図表７－８の縦軸の計測問題は解決する。残るのは図表７－８の横軸の測定、すなわち人事評価、をどのように行うかという問題である。実はこの点も職務評価に関係する話である。

ジョブ型雇用システムやジョブ型賃金システムを採用するためには

職務記述書（後掲図表９－４参照）を作成することとなるから、職務記述書に記載された「職務評価項目」（「職務における責任の内容」、「職務遂行に必要な知識・技能」など）を利用して人事評価を行えばよいこととなる。すなわち、職務評価項目それぞれについての達成度を評価し、個々の達成度評価を総合した総合達成度評価が図表７－８の横軸に示される「担当職務の達成度」となるのである。

人事評価項目は「職務における責任を会社の期待通りに果たしたか否か」、「職務遂行に必要な知識・技能は会社の期待通りに十分であったか、不十分であったか」、「職務遂行で顧客や取引先との関係は適切であったか否か」、「職務を会社の期待通りに遂行したか否か」というように、職務評価項目を人事評価につながるように読み替えて人事評価を実施すれば良い（注）。

以上から分かるよう、ジョブ型賃金システムを採用すると、各従業員の職務内容が明確となることから、自ずと適切な人事評価が実施しやすくなるのである。

（注）ジョブ型賃金システムを採用しているアメリカ企業での具体的な人事評価の事例は、拙著『最新アメリカの賃金・評価制度』（日本経団連出版）に述べているので参照されたい。

第８章
65歳定年制の賃金制度と同一労働同一賃金

1　70歳就業時代の賃金制度の基本的方向

第５章では、65歳定年制の実施方法において「全社員統一型65歳定年制」と「高齢者分離型65歳定年制」の２種類が存在することを述べ、それぞれの功罪について述べたところである。すなわち、双方にメリット・デメリットが存在することから、一方が優れており、他方が劣っているとは直ちには断言できない。

しかし今日の超高齢化時代において、高齢者の保有能力をフルに活用することを目指すならば、高齢者が納得し「やる気」の出る処遇でなければならず、高齢者と企業の双方がウイン・ウインの関係となる制度が望ましいこととなる。したがって、高齢者の不満の多い「高齢者分離型65歳定年制」を避けて、「全社員統一型65歳定年制」を採用することが望ましい。すでに第５章第４節「２種類の65歳定年制の選択問題」においても「全社員統一型65歳定年制」が望ましいと述べたところである。

では、65歳の定年まで全社員に共通する処遇制度に基づいて雇用するとしたときに、どのような賃金制度を企業は構築するべきであろうか。今日の多くの企業では、正社員に加えて多数の非正社員が働いているが、ここでは長期雇用を前提として雇用する正社員に対するあるべき賃金制度を考えることとする。

賃金の全体像は図表８－１のように示すことができる。現金給与（年収）を100とすると基本給は年収全体の５割強を占めるに過ぎないが、基本給の高い労働者は残業手当算定のための基礎賃金が高くなり、同様に賞与や退職金の支給額も高くなる。したがって、基本給は賃金制度の根幹であり、基本給をどのように決めたらよいか、どのように改善したらよいかで多くの企業は悩んでいる。基本給をどうするかが賃金制度構築の最大のポイントとなる。

図表８－１　賃金の全体構造

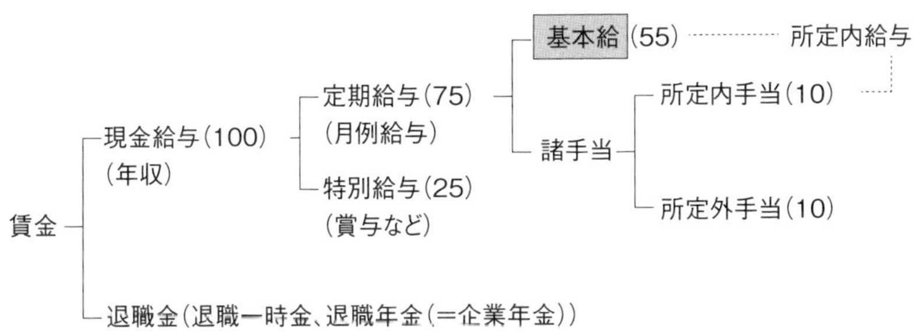

基本給をどうすべきかを考えるために、今日の賃金制度の現状を考えてみよう。

多くの企業の正社員（長期雇用者）の職業生涯における賃金および生産力（＝生産性）の変化を単純化したのが図表８－２である。賃金はほぼ右上がりとなっているのに対して、生産力は30歳台までにかなり高まるものの、その後はそれほど高まらないように描いている。現実には担当する職務の内容が年齢に応じてどの様に変化するかにより、個々の労働者の生産力曲線はかなり異なった様相となる。したがって図表８－２に示した生産力曲線はあくまでも平均的な姿であり、また一例であるとみることが大切である（注）。

（注）以上の記述において賃金と表現しているが、正確には福利厚生費や社会保険料などを含む雇用にかかわる費用すべてのことである。以下においても、生産力（＝生産性）との関係で述べる賃金は同じ意味である。

図表８－２　賃金年齢曲線と生産力年齢曲線

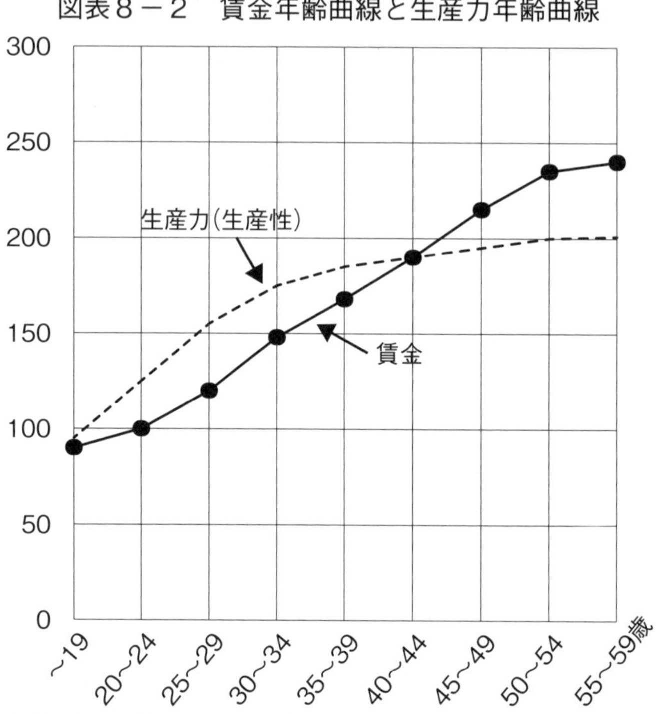

資料出所：賃金年齢曲線は厚生労働省「賃金構造基本統計調査」（2020年）、生産力年齢曲線は筆者推測である。

（注）１　賃金年齢曲線（20-24歳＝100）の形状は、「賃金構造基本統計調査」の「製造業、高卒、標準労働者、事務技術労働者、所定内賃金」に基づいて描いている。

２　生産力年齢曲線の形状については、根拠となる統計資料はない。本文に記した理由に基づく筆者の推測である。

ところで生産力曲線の平均的な姿は現実にはなかなか分からないが、図表８－２のように描ける根拠としては、①人員削減が必要な折には、企業が若年層よりも中高齢層を意図的に排出している現実があること、②中高年となっても以前とは異なって課長や部長などの重要な職責を担う役職に就けない者が増加していること、③55歳前後で賃金を引き下げる企業が少なくないこと、④60歳定年の後に再雇用する際には賃金を大きく低下させていること、を指摘できる。

ここで注意を要する点として、高齢者であっても重要な役職が与えられて生産力の高い者も数多くみられることである。その場合の生産力曲線は図表８－２でのなだらかになっている部分がかなり右上がりの曲線となる。

20歳前後の採用時点から60歳の退職時点までの長期間をとれば賃金と生産力はほぼ均衡する、というのがこれまでの賃金制度の仕組みであった。ところがそれでは60歳以降の賃金をどのように決めたらよいかが出てこない。正社員として65歳定年までの雇用を実現することは難しいことになる。そこでこれからの賃金は、各年代において図表８－２が示す生産力に見合ったものにする必要がある。そのように賃金を決めることができれば、60歳に至る職業生涯のどの時期をとっても、各従業員についておおむね「賃金＝生産力（＝生産性）」となり、その延長線として60歳台前半層の賃金を決定すればよいこととなる。

2　職能給と職務給の比較

賃金制度の根幹である基本給をどのように決めたらよいであろうか。

賃金の大原則は、能力に応じた仕事（能力＝仕事）を担当させて、担当した仕事に応じた賃金（仕事＝賃金）を支給することである。そうであれば「能力＝仕事＝賃金」となって労働者も会社も不満の無い理想的な状況となる。現実にはそのようにすることはなかなか難しい。

今日の日本企業における賃金の決め方としては大きくは２種類に分けることができる。一つは職務遂行能力に応じて賃金を決めるという職能給の考え方であり、職務遂行能力が高い者ほど高い賃金となる（図表８－３参照）。もう一つは担当職務の内容・役割・責任に応じて賃金を決めるという職務給の考え方であり、担当職務の内容・役割・責任が高度であればあるほど高い賃金となる。ここでは職務給と表現したが、役割給（労働者が担当する役割の内容・重要度・責任度合などで決める賃金）、職責給（労働者が担当する仕事の責務の大きさで決める賃金）もまったく同じ概念である。すなわち、職務給、役割給、職責給のいずれも仕事内容をみて賃金を決めるということであるから、ジョブ型賃金に分類される賃金形態である（第3部冒頭の文章末の（注）参照）。

図表８－３　職能給と職務給の考え方

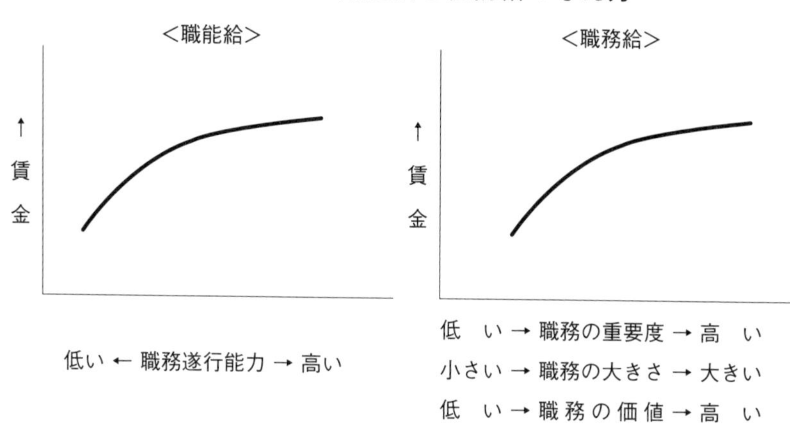

労働者の能力が高まると賃金を高くするという職能給の考え方は、労働者の自己啓発や能力開発を促進し、労働者の能力をフルに活用・発揮させるということから高く評価され、1970年代から今日に至るまで日本企業には広く利用されてきている。しかし職能資格制度を運用していく上で、労働者の能力評価が難しいことから職能給は多くの企業では結果的に年功賃金になってしまったという事実がある。そこで1990年代に入ってから役割給が注目され始めて、今日に至るまで広がってきている。役割給は担当業務の内容・役割・責任に応じた賃金であるから年功賃金に陥ることはなく、働きに応じた賃金であるとして1990年代以降の厳しい経営環境の下で評価されてきている（注）。

（注）第７章第２節では、職能給や役割給の普及・発展について述べており参照さ

れたい。

以上を整理したのが図表８－４である。

図表８－４　職能給と職務給（＝役割給、職責給）の比較

項目	職能給	職務給（＝役割給、職責給）
長所	・職務遂行能力に対応する賃金（能力主義の賃金） ・能力向上を促進する賃金 ・人材育成につながるというイメージ （人間能力開発主義、人は成長するという人間重視のイメージあり） ・企業主導の人事異動を行いやすい	・担当職務の難易度、困難度、責任度を反映する賃金 ・「労働者の働き＝賃金」を実現しやすい ・人件費は企業活動と無関係には増加しない ・社員高齢化による人件費増は生じない
短所	・能力評価が難しいことから、年功賃金に陥ってしまう恐れあり ・賃金に比較して仕事レベルが低いことがある（人件費増の傾向が生ずる） ・社員高齢化により人件費増となりやすい	・（労働者からすると）担当職務が変わらないと賃金があまり高まらない ・企業主導の人事異動が難しい

3　「全社員統一型65歳定年制」の基本給体系のあり方

以上を踏まえた上で、学校卒業時から65歳定年までの長期にわたって雇用する社員に対して、「全社員統一型65歳定年制」の賃金制度を企業はどのように設計したら良いかを検討することとする。

(1)　能力形成期の賃金

高校や大学などの学校を卒業した直後に採用されてからの一定の期間は、どのような労働者でも次第に職業能力が高まっていく。日々、様々な経験をしつつ仕事を覚え、次第に担当業務の遂行が円滑に効率よく行えるようになる。

何歳ぐらいまで職業能力が高まっていくかは業務内容にも影響され

る。概して、単純な労働は短期間で一定水準の能力レベルに到達すると、それ以降は伸び悩むこととなる。他方、複雑な労働の場合には、本人の努力や仕事に臨む姿勢も関係するが、かなりの長期間にわたって能力が高まっていくこととなる。したがって、能力形成期の年齢イメージは業務内容に影響されるが、一例を示すと入社してから30歳～35歳ぐらいまでと考えたらどうであろうか。

能力形成期の賃金のあり方としては、どのような考え方の賃金制度であっても、能力の高まりに応じて賃金を高めていくことが望ましい。能力が高まれば会社に対して貢献度の高い仕事をするのであるから、賃金を高めたとしても会社にとって決してマイナスとはならない。能力の高まりを適切に把握することが難しいとしても、年齢や勤続年数、経験年数の増加と共に賃金を引き上げてもそれほど大きな問題は生じない。極端に言うと、年齢や勤続年数、経験年数と共に賃金が増加する年功賃金でも全く問題ない、ということである。したがって、「基本給＝職能給」でも「基本給＝職務給」でも、年齢や勤続年数、経験年数の高まりと共に賃金（職能給ないしは職務給）が次第に高まるような工夫を組み込んでいれば問題ないこととなる。

⑵　能力成熟期の賃金

能力形成期を過ぎると、年齢や勤続年数、経験年数が高まったとしても職業能力はそれほど高まらなくなる。能力成熟期の年齢イメージも労働者の担当する業務内容に影響されるが、40歳～50歳ぐらいまでと考えたらどうであろうか。能力成熟期には企業は能力形成期のようには賃金を高めることはできない。賃金が高まるのは担当業務の内容・職務・責任のレベルが高まる時である。そうであれば賃金を高めたとしても企業にとっての問題は生じない。

すなわち、能力成熟期の賃金のあり方としては、担当業務に応じた賃金をかなりの程度反映するようにすることが望ましい。そうすることにより企業活動と人件費がほぼ見合うこととなる。したがって基本給＝「職務給」とするか、能力形成期に「基本給＝職能給」としているのであれば、基本給＝「職能給＋職務給」となる。

⑶　能力完成期の賃金

50歳台、60歳台は能力完成期であり、職務内容によっては40歳台も能力完成期に該当する。この時期では長期にわたって形成した能力をフルに発揮する時期にあたる。この時期においては賃金の100%が担当職務の内容・役割・責任に応じた賃金が適切であり、「基本給＝職務給」となる。そうであれば「労働者の働き＝賃金」となることから企業はまったく困ることはなく、また労働者も自身の働きに応じた賃金であることから不満はなく、仕事に対する「やる気」の低下は生じない。60歳台でも「労働者の働き＝賃金」となるのであるから65歳定年制であっても企業及び労働者の双方にとって、賃金の問題は発生しない。このようにして「全社員統一型65歳定年制」を実現できることとなる。

⑷　職業生涯にわたる賃金体系

図表８－５は以上述べてきたことを図式化したものである。ここで留意しておきたいことの第１として、職能給と職務給の双方を賃金体系の中に取り込むと、賃金制度が複雑になることである。シンプルな賃金制度を目指すのであれば「基本給＝職務給」となろう。

留意したい第２点は、賃金に関する勤労者意識をみると、賃金体系の中に生活保障的要素を求める声が根強く存在するという事実である。生活保障的要素を基本給の中に加えることもまだまだ必要であると考える企業では、18歳から35歳ないしは40歳程度まで着実に増加する賃金である基礎給を職能給または職務給に加えて基本給を構成することも十分に考えられる。すなわち、「基本給＝職務給（又は職能給）＋基礎給」となる。この基礎給は一定の年齢までは年齢と共に高まることから年齢給と表現してもよい。

なお、「労働者の働き＝賃金」の実現を目指す観点からすると、基礎給は、40歳程度以降は上昇させないこと、50歳台、60歳台においては「労働者の働き＝賃金」が貫徹するようにするために基礎給を徐々に引き下げるか、一定の等級以上の該当者には基礎給を支給しない、という工夫が必要となる（注）。

（注）第６章の事例A社の賃金制度は、ここでの記述内容と極めて類似しており参照されたい。

図表８－５　全社員統一型65歳定年制の賃金体系（基本型）

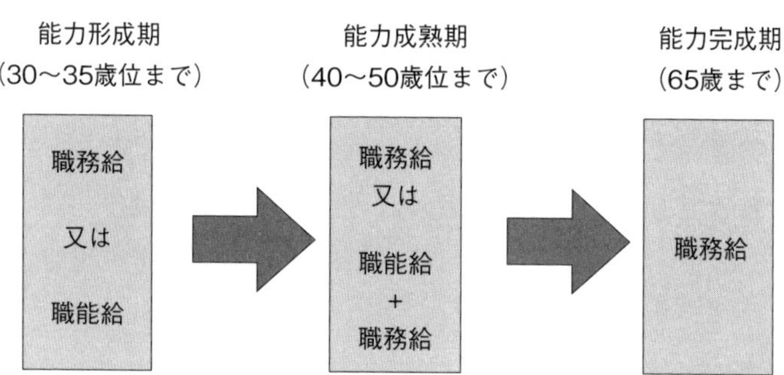

（注）職務給と表現しているが役割給、職責給としても同じ意味である。

(5)　賃金制度の理想型の実現

これまで述べてきた考え方を基礎として、65歳定年に対応する超高齢化時代の賃金制度を確立したらよいのではないか。しかし、それぞれの企業の現在の賃金制度から一気に上述の制度に移行することは現実には難しい。そこでステップ・バイ・ステップで進むこととなる。

まず第１に、目指すべき理想の賃金制度を決定し、それを実現した時の社員全員の将来賃金を算出する。第２に、３～５年かけて現在の賃金から将来賃金に近づける。第３には、現在の賃金よりも将来賃金の方が低くなる労働者については、人件費にゆとりがあれば現在の賃金を維持し引き下げないこと、人件費にゆとりがない場合でも福利厚生費を削るなどして賃金源資の増加を図り、現在の賃金を可能な限り維持することに努めることが大切である。第４に、現在の賃金よりも将来賃金の方が高くなる労働者についても、３～５年かけて現在の賃金から将来賃金に近づけていく。

以上により３～５年後には社内では「労働者の働き＝賃金」がほぼ実現し、「全社員統一型65歳定年制」も問題なく導入でき、高齢者を含めて「やる気」の満ち溢れた企業組織が形成されることになると考えられる。

(6)　ジョブ型賃金の高齢者雇用へのプラス効果

第４章第５節において、アメリカでは年齢差別禁止法の下、従業員に担当職務の職務遂行能力がある限り、企業は雇用を継続することを述べた。年齢差別禁止法により、65歳どころか上限年齢なしの雇用継続を企業に義務付けている。実際、高齢者雇用に関して、アメリカの幾つかの企業を訪問調査したところ、70歳台、80歳台でも正社員として働き続ける事例を見聞した。

高齢者雇用に関して、アメリカ企業が日本企業よりも先進的であるのは、次の２点を企業が実践しているからである。

第１に、個人ごとの賃金設定は、担当職務に応じた職務給であり、職務と無関係の賃金は支給しない

第２に、高齢者を含めどの年齢層の従業員に対しても、企業が期待しているように担当職務を処理する能力を求め、処理する能力が低下し、企業の期待に沿わなければ高齢者は退職するか解雇される。

日本企業でも以上の２点を実行できれば、アメリカ企業と同様に上限年齢なしの雇用制度を構築することが可能である。

4　ジョブ型賃金を補完する取り組み

高齢者に保有能力をフルに発揮させるためには、賃金以外にも考慮すべき点があり、その点を示したのが図表8－6である。

図表8－6　ジョブ型賃金を補完する取り組み

1　能力･実績主義の推進
2　役職定年制度の再検討
3　専門職制度の導入･強化
4　中高年活用策と若年層の能力開発
5　高齢者の職業能力の短所の克服
6　労働時間面での改善･改革

第1に、能力・実績主義の推進である。全社員統一型65歳定年制の下では年功的人事管理を行うことはできない。定年年齢が高くなればなるほど、年功的処遇のマイナス効果は加速度的に大きくなる。

能力形成期においては年功的処遇を残すことは許されるが、その後の能力成熟期や能力完成期における基本給の決定においては、「賃金＝労働者の働き（生産性）」となるようにするために、昇給や昇進・昇格においては能力・実績を十分に反映することが求められる。

第2に、役職定年制度の再検討である。65歳定年制で難しい問題の一つが管理職（課長・部長）問題であり、役職定年制度を用意するのかどうかという問題である。企業内に能力・実績主義が貫徹しているならば、最も適切な者が役職につくという原則から、役職定年制度は不必要で、能力が伴えば65歳まで役職を担うことが原則となる。もちろん能力が不十分であると判定されれば、その段階で役職から退くこととなる。

第3に、専門職制度の導入・強化である。わが国の企業、特に大企業、は今日に至るまで、様々な業務を担当させて広く浅く経験を積ませ視野の広い人材を育成して、管理職昇進を目指させるというジェネラリスト育成が中心である。しかし、今日のように社内の人員構成も中高齢者が中心である時代には、ジェネラリストの40歳台、50歳台、60歳台の社員の活用は難しい。早急にスペシャリスト（専門職）中心の組織（図表８－７参照）へと切り替えていく必要がある。個々のスペシャリストは、担当分野についての専門的知識・技術・技能を有しており、また所属する部署の業務全般については一定の知識を有する社員のことである。担当分野の業務については責任をもって自律的に遂行するから在宅勤務も容易に実践できる。必要に応じて上司と相談したり、同僚に意見を求めることもある。

なお、スペシャリストが高度の専門的業務に集中できるようにするために単純定型業務を行うサポート・スタッフを配置する。

図表８－７　スペシャリスト型組織のイメージ

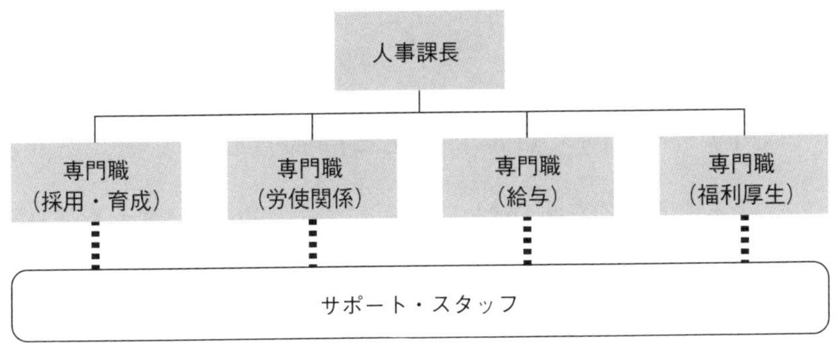

第４に、中高年活用策と若年層の能力開発である。全社員統一型65歳定年制は60歳台社員の能力活用や活性化を目指しており、そのためには本人努力や企業努力が欠かせない。

中高年活用策として、これまでの業務歴、習得能力、取得資格、利用できる人脈、特技、自己啓発・能力向上の内容、今後取り組みたい業務などを記入した「キャリア記録・申告書」を作成し、職務遂行能力を社員ごとに整理・確認することが大切である。また、人事担当との個別面談を定期的に行い、会社の要望、本人の希望を出し合って、能力のフル活用を会社と社員が一緒になって考えるのである。

若年層については、上述した「キャリア記録・申告書」を作成し、能力・適性の把握・確認に努め、35歳ないし40歳前後までに、40歳以降の中高齢期に活躍できる専門分野を幾つか確立させるのである。

なお、本人努力を促進するために、社員全員に対して自己啓発手当の支給を検討したらよいと思われる。

第５に、高齢者の職業能力の短所の克服である。この点に関しては、すでに第１章第３節で詳細に述べたところである。

第６に、労働時間面での改善・改革である。65歳定年まで職業能力を高水準に保つには、効率的な働き方を進めて残業を減らすと共に、毎年数回のリフレッシュ休暇を取得できるように努めることが大切である。個々の社員のスペシャリスト化を進めて、業務効率を高めることにより、残業を削減できると共に、休暇の取得も可能となる。

５　「同一労働同一賃金」規定と高齢者雇用

70歳就業法は、従業員に対して70歳までの就業機会を与える努力義務を企業に求めている。企業の定年年齢が70歳未満である場合、定年到達から70歳までの就業を再雇用制度の利用により対応する場合には、定年後の雇用形態は１年契約の契約社員となるのが一般的である。

契約社員（非正社員）の賃金決定において、2020年４月から施行された正社員と非正社員との間の賃金に関する「同一労働同一賃金」規定に十分に留意しなければならない。

また、正社員と非正社員との待遇差や定年後の再雇用者の賃金に関する重要な判決が近年、相次いで出されている。企業にはそうした判例を踏まえた非正社員の処遇決定が求められる。

⑴　「同一労働同一賃金」規定（注）

①　均等処遇と均衡待遇

2016年６月に閣議決定した「ニッポン一億総活躍プラン」では、働き方改革の一環として、正社員と比べて賃金の低い非正規雇用の待遇改善を進めるために同一労働同一賃金の実現を掲げた。それを受けて、正社員と非正社員との間での「同一労働同一賃金」を規定した「働き方改革関連法案」が2018年６月に成立した。

具体的には「同一労働同一賃金」に関して、派遣労働者以外の非正社員については、パートタイム・有期雇用労働法に、派遣労働者については労働者派遣法に盛り込まれた（注）。

正社員と非正社員との間の「同一労働同一賃金」は大企業に関して2020年４月から、中小企業については2021年４月から施行された。

（注）ここでの「同一労働同一賃金」規定とは、本書では、2018年に成立した「働き方改革関連法案」により実施されている正社員と非正社員（派遣労働者を除く）との間の「同一労働同一賃金」を含む規定を指している。同規定は具体的には、パートタイム・有期雇用労働法の第８条及び第９条を指しており、正社員と非正社員との間の不合理な待遇差の禁止を規定している。
本書は、自社が雇用する労働者の同一労働同一賃金について述べていることから、他社に雇用され、他社から派遣されてくる派遣労働者の同一労働同一賃金については省略している。

図表８－８は「同一労働同一賃金」規定のポイントを示している。正社員と非正社員の「職務の内容（業務の内容・責任の程度）」そして「職務の内容・配置の変更の範囲」を比較すると、図表８－11が示すように３種類のケースが発生する。

正社員と非正社員の間で比較事項のいずれも「同じ」ケースでは「均等待遇」となり、非正社員の待遇を正社員と均等にしなければならない。差別してはならないのである。

比較事項のいずれかが異なるケースでは「均衡待遇」となり、異なる程度に応じて非正社員の待遇を正社員の待遇と均衡の取れるようにしなければならない。正社員と非正社員との間で待遇差が生じてもやむを得ないものの、待遇差が不合理であってはならず合理的に説明できるような待遇差でなければならない、ということである。

図表8－8　正社員と非正社員の均等処遇と均衡待遇のポイント

	正社員 ①職務の内容（業務の内容・責任の程度）	正社員 ②職務の内容・配置の変更の範囲		非正社員の待遇（正社員と比べて）
非正社員	同じ	同じ	⇒	均等待遇の対象（差別的取り扱いの禁止）
非正社員	同じ	異なる	⇒	均衡待遇の対象（不合理な待遇差の禁止）
非正社員	異なる	異なる	⇒	均衡待遇の対象（不合理な待遇差の禁止）

「均衡処遇」であるか否かの判断に当たっては、個々の待遇ごとに、当該待遇の「性質・目的」に照らして、「職務の内容（業務の内容・責任の程度）」、「職務の内容・配置の変更の範囲」、「その他の事情」の３考慮要素のうち適切と認められるものに基づいて判断し、その考慮要素の違いからみた不合理な待遇差は禁止される。

「職務の内容（業務の内容・責任の程度）」、「職務の内容・配置の変更の範囲」、「その他の事情」の詳細を示したのが図表８－９である。

図表８－９　３考慮要素の具体的な内容

考慮要素	具体的内容	
職務の内容	業務の内容	業務とは職業上継続して行う仕事 ⇒業務の内容は業務の種類（職種）と中核的業務で判断 ※業務の種類（職種）とは、販売職、管理職、事務職、製造工、印刷工等といった従事する業務のこと ※中核的業務とは、職種を構成する業務のうち、その職種を代表する中核的なものを指し、職種に不可欠な業務を指す
	当該業務に伴う責任の程度 （責任の程度が著しく異ならないかどうかで判断）	業務の遂行に伴い行使するものとして付与されている権限の範囲・程度等 ⇒例えば、 ・単独で決裁できる金額の範囲 ・管理する部下の人数 ・決裁権限の範囲 ・職場において求められる役割 ・トラブル発生時や臨時・緊急時に求められる対応 ・売上目標等の成果への期待度等
職務の内容・配置の変更の範囲	将来の見込みも含め、転勤、昇進といった人事異動や本人の役割の変化等（配置の変更を伴わない職務の内容の変更を含む）の有無や範囲のこと	
その他の事情	「職務の内容」、「職務の内容・配置の変更の範囲」以外の事情で、個々の状況に合わせて、その都度検討する。成果、能力、経験、合理的な労使の慣行、労使交渉の経緯は「その他の事情」として想定される	

資料出所：厚生労働省「不合理な待遇差解消のための点検・検討マニュアル」

②　非正社員に対する待遇差の説明義務

「同一労働同一賃金」規定により、非正社員は「正社員との待遇差の内容や理由」などについて、企業に説明を求めることが可能となった。

企業の説明義務の内容は、厚生労働省告示第429号「事業主が講ずべき短時間労働者及び有期雇用労働者の雇用管理の改善等に関する措置等についての指針」に記載されている。

再雇用制度を利用している企業の場合、正社員と再雇用社員（非正社員）との間には待遇差があるのが普通であり、待遇差が大きければ大きいほど再雇用社員は待遇差に疑問を抱くこととなる。企業としては、正社員と再雇用社員との間に存在する待遇差がどのような理由に基づくのかを整理しておく必要がある。合理的に説明できなければならず、説明できないようであれば不合理な格差が存在することとなるから、再雇用社員の待遇を見直すことが必要となる。

なお、説明を求めた労働者に対して不利益取扱いをしてはならないことも定められている。

(2) 同一労働同一賃金ガイドライン

厚生労働省は、正社員と非正社員との間に待遇の相違がある場合、どのような相違が不合理であり、どのような相違が不合理でないか等の原則となる考え方と具体例を示した「同一労働同一賃金ガイドライン」を公表している。同ガイドラインは、厚生労働省告示第430号「短時間・有期雇用労働者及び派遣労働者に対する不合理な待遇の禁止等に関する指針」として告示されており、厚生労働省ホームページから入手できる。

同一労働同一賃金ガイドラインのポイントを示したのが図表８－10である。

図表８－10　同一労働同一賃金ガイドラインのポイント

■非正社員の基本給

正社員の基本給の決定要素（能力、経験、業績、勤続年数など）の一部または全部が非正社員にも共通する場合、共通する部分で決まる賃金は両者とも同一に、共通しない部分はその違いに応じて基本給を支給しなければならない。

■非正社員の昇給

正社員の昇給の決定要素（能力、経験、勤続年数など）の一部または全部が非正社員にも共通する場合、共通する部分で決まる昇給部分は両者とも同一に、共通しない部分についてはその違いに応じて昇給させなければならない。
■非正社員の賞与
　正社員の賞与の一部または全部が正社員の企業業績への貢献度に応じて支給される場合、非正社員が同一の貢献度であれば同一の、相違があれば相違の程度に応じて貢献度に応じて決まる賞与を支給しなければならない。
■非正社員の各種手当
　個々の手当について、手当それぞれの性質・目的に照らして、正社員と非正社員の双方が同一の条件を満たしていれば双方に同一の手当を支給しなければならない。

（注）同一労働同一賃金ガイドラインには、賃金以外に福利厚生や教育訓練等についても、正社員と非正社員との間の同一労働同一処遇の観点で記載している。

(3)　「同一労働同一賃金」規定に関連する最高裁判決

①　ハマキョウレックス事件及び長澤運輸事件

　最高裁は2018年６月に、正社員と非正社員との間での労働条件の相違が旧労働契約法20条（現在は、パートタイム・有期雇用労働法第８条）に違反するか否かを巡って争われた二つの事件、ハマキョウレックス事件と長澤運輸事件の判決を下した。

　ハマキョウレックス事件は、非正社員（有期雇用契約）の配送ドライバーが、正社員（無期雇用契約）の配送ドライバーとの間で「職務の内容」に相違がないにもかかわらず賃金に相違があるとして企業を訴えた事件である。

　長澤運輸事件は、非正社員（定年後再雇用の嘱託社員）トラック運転手が正社員トラック運転手との間で、①職務の内容、②当該職務の内容及び配置の変更の範囲、がまったく相違がないにもかかわらず賃金に相違があるとして企業を訴えた事件である。

　上記事件の高裁及び最高裁の判決内容を整理したのが**図表８－11**である。

図表8－11 最高裁の判決内容

（ハマキョウレックス事件、長澤運輸事件）

事件名	待遇差の内容	高裁	最高裁
ハマキョウレックス事件	正社員のみ、無事故手当、作業手当、給食手当、通勤手当	×	×
	正社員のみ、住宅手当	○	○
	正社員のみ、皆勤手当	○	×
	基本給体系が相違し、賃金差があり	○	○
長澤運輸事件	正社員のみ、賞与	○	○
	正社員のみ、住宅手当、家族手当、役付手当	○	○
	正社員のみ、精勤手当	○	×
	時間外手当の算出基準が正社員より低い	○	×

（注）○：不合理とは言えない、×：不合理である

② メトロコマース事件、大阪医科薬科大学事件、日本郵便事件

最高裁は2020年10月に、正社員と非正社員との間での労働条件の相違が旧労働契約法20条（現在は、パートタイム・有期雇用労働法第8条）に違反するか否かを巡って争われた5つの事件、メトロコマース事件、大阪医科薬科大学事件及び日本郵便の3事件（注）の判決を下した。

（注）日本郵便の3事件とは、日本郵便（東京）事件、日本郵便（大阪）事件及び日本郵便（佐賀）事件であり、以下では一つの事件（日本郵便事件）としてまとめて扱うこととする。

メトロコマース事件は、駅構内売店で販売業務に従事していた契約社員（有期雇用契約）が、同業務に従事していた正社員（無期雇用契約）との間で、「職務の内容」に相違がないにもかかわらず労働条件に相違があるのは不合理であるとして企業を訴えた事件である。

大阪医科薬科大学事件は、薬理学教室の教室事務員として従事していた時給制アルバイト職員（有期雇用契約）が、教室事務員である月給制正職員（無期雇用契約）との間で「職務の内容」に相違がないに

もかかわらず労働条件に相違があるのは不合理であるとして大学を訴えた事件である。

日本郵便事件は、時給制又は月給制の契約社員（有期雇用契約）が、正社員（無期雇用契約）との間で、「職務の内容」に相違がないにもかかわらず賃金その他労働条件に相違があるとして企業を訴えた事件である。

以上の事件の高裁及び最高裁の判決内容を整理したのが図表８－12である。

図表８－12　最高裁の判決

（メトロコマース事件、大阪医科薬科大学事件、日本郵便事件）

事件名	待遇差の内容	高裁	最高裁
メトロコマース事件	非正社員の本給支給額が低すぎること	○	—
	正社員のみ、賞与	○	—
	正社員のみ、資格手当	○	—
	正社員のみ、住宅手当	×	—
	残業手当割増率が正社員より低い	×	—
	非正社員は褒賞の支給条件が悪い	×	—
	正社員のみ、退職金	×	○
大阪医科薬科大学事件	アルバイト職員の月額賃金がかなり低い	○	—
	アルバイト職員に、賞与は不支給	×	○
	正職員のみ、私傷病欠勤中の賃金・休職給	×	○
	正職員のみ、医療費補助制度	○	—
	正職員のみ、夏期特別休暇	×	—
	アルバイト職員の年休日数が少ない	○	—

日本郵便事件	非正社員の夏期年末手当(賞与)が低い	○	—
	正社員のみ、扶養手当	○	×
	正社員のみ、住宅手当	×	—
	正社員のみ、外務業務手当、早出勤務手当、夜間特別勤務手当、業務精通手当、	○	—
	正社員のみ、年末年始勤務手当	×	×
	正社員のみ、病気手当	×	×
	正社員のみ、年始期間の祝日給	×	×
	正社員のみ、夏期冬期休暇	×	×

（注）○：不合理とはいえない、×：不合理である、—：最高裁は判断せず

③　最高裁判決のポイント

判決文からみられる最高裁の判断基準等について述べておきたい。

第1は、どの判決にも共通することであるが、それぞれの事件に関わる企業（組織）や処遇制度の実態を踏まえた判断であり、企業（組織）や処遇制度の実態が異なる企業では同一の判断になるとは限らないことである。

第2は、個々の手当や労働条件などについては、各手当や各労働条件の性質や趣旨を個別に見極めて判断しており、手当の性質や趣旨が非正社員にも共通する限り支給すべきだ、との立場である。たとえば、扶養手当（日本郵便事件）について、正社員の継続的雇用を確保する目的であったとしても、「相応に継続的勤務が見込まれている」契約社員にも妥当する、としている。

第3には、賞与（大阪医科薬科大学事件）と退職金（東京メトロコマース事件）の判断では、職能給を基本とする賃金制度の実態にまで言及して、長期勤続や正社員（正職員）の意義を認めたことである。賞与や退職金には正社員の確保・定着を図り、長期勤続による職務遂行能力の向上を促す役割があるとし、正社員に絞った支給には合理性があると判断している点である。

したがって、賞与や退職金に関しても、賃金制度や職務内容の実態といった個別の事情を見極めて判断していることから、非正社員に対する賞与、退職金の不支給は一般化できない点に留意しなければならない。

第４には、以上で取り上げた事件の全ては旧労働契約法20条が規定した「不合理な差別の禁止」をめぐる争いに関する判断であり、旧労働契約法20条を引き継いだパートタイム・有期雇用労働法第８条の「不合理な差別の禁止」に関する判断ではないという点である。

ここで注意を要するのは、引継ぎ先の第８条では、「当該待遇の性質及び当該待遇を行う目的に照らして」不合理と認められる相違であってはならない」となって、旧労働契約法には無かった「当該待遇の性質及び当該待遇を行う目的に照らして」が加えられ、「不合理な待遇」の判断基準が明確となったことである。上述したように、最高裁による上記事件の判断においては、「当該待遇の性質及び当該待遇を行う目的に照らして」行っているところから、パートタイム・有期雇用労働法第８条を先取りした形で判断を行っているとみることが可能である。

⑷　再雇用制度に関連する重要裁判例

①　長澤運輸事件

長澤運輸事件については、前記「⑶「同一労働同一賃金」規定に関連する最高裁判決」ですでに取り上げており、正社員と再雇用社員との間に生じた労働条件格差をめぐる事件である。

この事件の判決内容は図表８－11に示した通りである。判決における重要な点は、再雇用者が定年前と同一の勤務状況であっても、定年前の賃金よりも賃金が下がる状況を基本的に是認したことである。

②　名古屋自動車学校事件

名古屋地裁は2020年10月に再雇用時の基本給が定年前の６割を下回

るのは、有期雇用者と無期雇用者との不合理な差別を禁止した旧労働契約法20条（現在は、パートタイム・有期雇用労働法第８条）に違反するとの判断を下した。

自動車学校の教習指導員の男性２人が定年後の再雇用時の基本給が低すぎるとして訴えた事件で、教習指導員の「仕事の内容や責任の範囲」は定年前と変わらない一方、基本給は定年前の月額16～18万円から半額以下に下がった事件である。

有期雇用者と無期雇用者との間での差別事件であるが、有期雇用者は再雇用後の契約社員（非正社員）であり、無期雇用者は正社員である。「再雇用後の賃金は職務内容が定年前と変わらない場合には定年時賃金の６割以上でなければならない」とする判断であり、再雇用制度や「高齢者分離型65歳定年制」を採用する企業では、この判決を十分に考慮して賃金設定することが必要である。

第９章
ジョブ型賃金とジョブ等級制度の設計

「全社員統一型65歳定年制」を進めるには、第８章で述べた賃金制度の構築が求められる。シンプルな管理しやすい賃金制度ということになると、すでに述べたように職務給を中心に据えた賃金制度が好ましいこととなる。また、第７章では、ジョブ型賃金がこれからの時代の賃金制度の根幹たるべき賃金であることを述べると共に、前掲図表７－７に示したように数多くの要因がジョブ型賃金を求めている。

職務給は、これまでたびたび述べてきたように、厳密に考えれば役割給（労働者が担当する役割の重要度・困難度で決める賃金）や職責給（労働者が担当する仕事の責務の大きさで決める賃金）と全く同じ性格の賃金である。いずれも労働者の担当する仕事を見つめて、担当する仕事の大きさで賃金を決めようとする考え方で、職務給、役割給、職責給のいずれもジョブ型賃金に分類されることとなる（前掲図表７－３参照）。

ここでは役割給とか職責給という用語を用いず、ジョブ型賃金の代表として、職務給という用語を用いることとする。したがって、役割給や職責給に関連する一般的事項は、職務給にも共通して利用できる。以下で述べる職務分析は役割分析と同じ内容であり、また職務記述書と役割記述書は全く同一の性格の文書であると考えて良い。さらには、職務評価と役割評価、職務価値と役割価値は同じ内容を意味することになる（注）。

（注）第３部冒頭の文章末に「（注）本書での賃金用語等に関する留意点」を掲げているので参照されたい。

1　職務給と職務等級制度の関係

(1)　職務給のみの賃金体系

職務給を制度化するには、職務等級制度を構築して、職務等級制度と職務給を結びつけることとなる。職務等級制度は職能等級制度（職能資格制度）と類似した制度であると考えると理解が進みやすい。「職能等級制度　⇒　職能給」と同じように「職務等級制度　⇒　職務給」であると考えることができる。

前掲の図表8－3に示したように、企業にとっての「職務の価値」に応じて賃金（職務給）を決めるのであり、「職務の価値」が同程度であれば同じ職務等級に格付けて、人事・賃金管理を進めようとするのが職務等級制度である。なお、職務等級制度のことを職務グレード制度と呼ぶことがある。

職務等級制度を具体的にどのようにして構築するかについては後述するが、職務等級制度と職務給との関係はどうしたらよいであろうか。

職務等級制度がどのように職務給と結びつくかをみたのが**図表9－1**である。これは一つの例である。図表9－1においては、タイプAおよびタイプBのいずれも職務等級ごとに一定の賃金幅を持つ職務給を対応させている。例えば人事課長という職務の職務等級が6等級であるとする。6等級に対応する職務給が下限46万円から上限58万円の賃金幅であるとすると、この賃金幅の中のどこかに人事課長の職務給を決めることとなる。賃金幅の下限から上限への賃金改定は人事評価および在級年数を反映するのが一般的である。在級年数とは、同一の職務等級で勤務した年数のことである。

タイプAとタイプBの違いは、タイプAは隣り合う職務等級の賃金幅が重なり合う設計となっており、タイプBは賃金幅が重なり合わないという設計である。この例のように様々なタイプが考えられ、自社にとって望ましいタイプを設計すればよい。

職務等級毎の職務給に幅を持たせない制度も考えられる。すなわち在級年数が何年であっても同一職務給となる。この場合、人事評価は賞与のみに反映されることとなる。

図表９－１　職務給と職務等級制度の関係

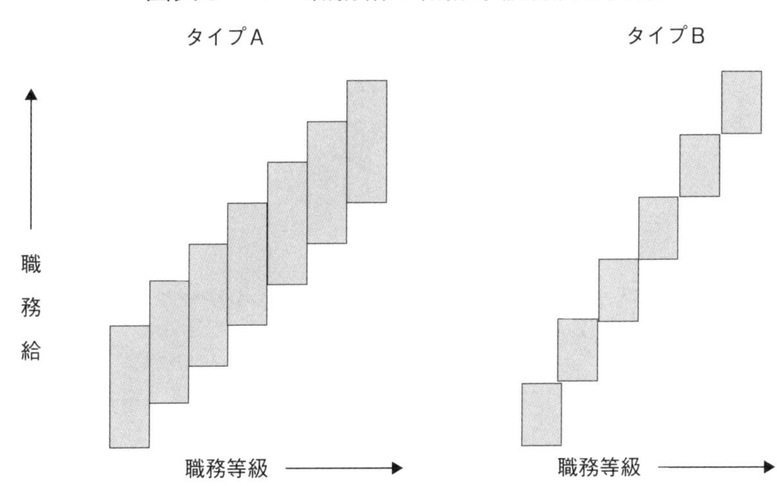

なお、職能給と職能等級制度との関係においても図表９－１と同じような図表を描くことができる。

⑵　職務給と基礎給を組み合わせるケース

第８章第３節⑷「職業生涯にわたる賃金体系」において、「基本給＝職務給（職能給）＋基礎給」を求める企業がまだまだ存在することを述べた。「全社員統一型65歳定年制」を実施する際に、「基本給＝職務給」ではなく「基本給＝職務給＋基礎給」とする企業はどうしたらよいであろうか。

図表９－２は基礎給のイメージを表現したものである。この図表は基礎給の一例を示したにすぎず、基礎給は45歳とか50歳まで、それ以降は「基本給＝職務給」とするということも考えられるし、基礎給の

金額は出来るだけ低く抑えるなど、いろいろな基礎給が考えられる。

基礎給の狙いは生活保障的要素を基本給の中に組み込むことであるから、職務給と基礎給の合計が必要生計費をカバーするように設計する必要がある。ただし、賞与が必ず支給されるという企業においては、賞与の半分程度が生計費に振り向けられるという前提で基礎給を設計することも考えられる。

図表9－2 基礎給のイメージ

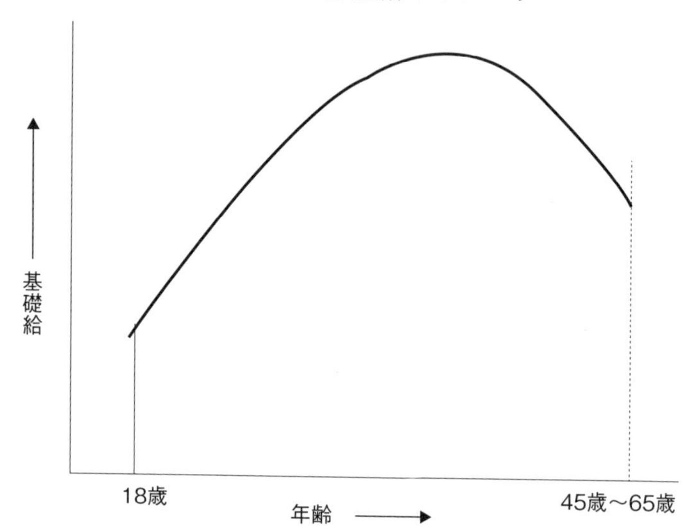

2 職務等級制度の構築と職務記述書

(1) 職務等級制度の構築手順

職務等級制度の構築は、図表9－3に示す次の手順で行われる。

職務等級制度を丁寧に構築するのであればステップ1（職務分析の実施）からはじめることとなる。企業にステップ1を実施するゆとりがないとか以下で述べる簡単な職務評価手法を利用するというのであれば、ステップ3（職務評価の実施）から始めることも可能である。

職務分析とは、従業員の担当している職務の内容を網羅的に記述・整理することである。職務分析は英語でjob analysisと表現することから、ここでは職務分析という用語を用いている。職務分析ではなく、その代わりに職務調査とか職務内容調査とした方が理解しやすいかも知れないが、以下では職務分析という用語で統一する。

職務分析を実施する際には、例えば、職務遂行に必要な技術・知識・資格の内容と程度、使用する器具・機械の種類と使用の難しさ、職務を果たすのに必要となる対人折衝の種類・内容・難易度、職務が適切に果たされなかった時の企業への影響の大きさ、職務遂行の場の騒音・日照・気温などの物理的条件等を調査し、記述するのである。

図表9－3　職務等級制度の構築とジョブ型賃金の決定

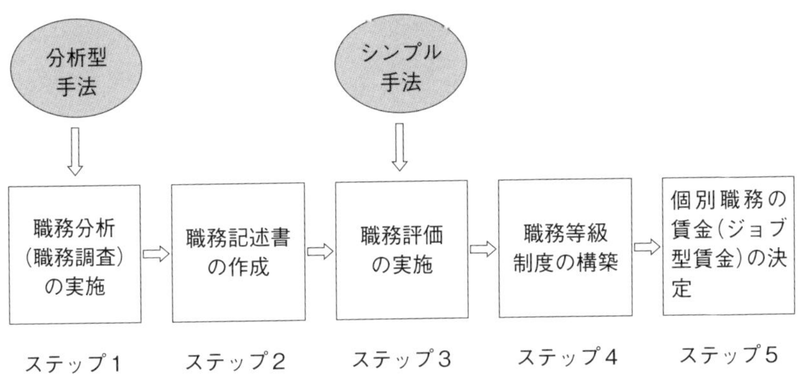

職務分析を具体的に丁寧に実施する方法としては、①職務遂行の状況を観察して記述する方法、②実際に職務を経験して記述する方法、③職務を担当している者に面接して記述する方法、④職務を担当している者に、調査用紙を配布して記述してもらう方法、⑤職務を担当している者の上司が記述する方法、以上の①から⑤の幾つかを組み合わせる手法などがある。どの方法を採用するかは全く自由である。

職務分析を基礎にして職務記述書（ジョブ・ディスクリプション：

job description）を作成する。職務記述書は一定の様式となっている（図表9－4参照）。職務記述書の作成により、職務の具体的内容や職務を担当するために必要となる能力・経験などが、さまざまな職務同士の間で比較可能な形で整備されることになる。丁寧に作成された職務記述書は、職務評価のための利用のみならず、採用、配置、人事評価、能力開発等のためにも利用することが可能であり、人事管理の基本的文書となる。

職務分析の実施や職務記述書の作成をどの程度丁寧に行うべきかは企業の置かれた状況による。企業に人的ゆとりや経済的ゆとりがあれば丁寧にできるであろうが、それほどゆとりのない企業の場合には、職務分析の実施や職務記述書の作成の段階を飛ばして、図表9－3で示したシンプル手法を採用して、ステップ3の職務評価から始めることも考えられる。そして必要に応じて、一部の職務について職務分析の実施や職務記述書の作成を行うのである。

(2) 職務記述書の内容

職務記述書の一例を図表9－4に示した。様々な企業が様々な職務記述書を作成していることから「お勧めの職務記述書」は存在しない。企業の業種、規模、事業内容などによって、職務記述書の内容はかなり異なってくる。換言すれば、それぞれの企業が最終目的の職務給を実践する上で必要となる職務記述書を作成すれば良いのであって、こうしなければならないというルールはない。したがって、かなり複雑な職務記述書もあれば、極めてシンプルな職務記述書もある。

図表9－4について説明を加えると、まず、職務記述書作成関連の情報に加えて、職務分析の実施日時・期間、実施者などの情報を加えることも考えられる。

職務の概要では、どのような職務なのかが第三者におおよそ分かるように記述する。職務によっては、記述が長くなるかも知れない。

図表9－4　職務記述書の例

職務記述書

職務グループ名:＿＿＿＿＿＿ 職務名:＿＿＿＿＿＿ 職務番号:＿＿＿＿＿

職務記述書作成日:　＿＿＿年＿＿＿月＿＿＿日

職務記述書作成者(所属・氏名):　＿＿＿部＿＿＿課＿＿＿＿＿

職務記述書作成責任者(所属・氏名):　＿＿＿部＿＿＿課＿＿＿＿＿

職務の概要：・・・・・・・・・・・・・・・・・・・・・・・・・・・・・
・・・・・・・・・・・・・・・・・・・・・・・・・・・・・・・・・・・・
・・・・・・・・・・・・・・・・・・・・・・・・・・・・・・・・・・・・

(1)　業務1（　　%）＿＿＿＿＿＿＿＿＿＿＿＿＿＿＿＿＿＿＿＿

(2)　業務2（　　%）＿＿＿＿＿＿＿＿＿＿＿＿＿＿＿＿＿＿＿＿

(3)　業務3（　　%）＿＿＿＿＿＿＿＿＿＿＿＿＿＿＿＿＿＿＿＿

(4)　業務4（　　%）＿＿＿＿＿＿＿＿＿＿＿＿＿＿＿＿＿＿＿＿

(5)　業務5（　　%）＿＿＿＿＿＿＿＿＿＿＿＿＿＿＿＿＿＿＿＿

(a)　職務遂行に必要な知識・技能：・・・・・・・・・・・・・・・・・・・・
・・・・・・・・・・・・・・・・・・・・・・・・・・・・・・・・・・・・

(b)　職務遂行での対人関係：・・・・・・・・・・・・・・・・・・・・・・・
・・・・・・・・・・・・・・・・・・・・・・・・・・・・・・・・・・・・

(c)　職務遂行の複雑度・難易度：・・・・・・・・・・・・・・・・・・・・・
・・・・・・・・・・・・・・・・・・・・・・・・・・・・・・・・・・・・

(d)　職務遂行での意思決定の内容：・・・・・・・・・・・・・・・・・・・・
・・・・・・・・・・・・・・・・・・・・・・・・・・・・・・・・・・・・

(e)　職務遂行上の責任の内容：・・・・・・・・・・・・・・・・・・・・・・
・・・・・・・・・・・・・・・・・・・・・・・・・・・・・・・・・・・・

(f)　職務遂行の場の就業環境条件：・・・・・・・・・・・・・・・・・・・・
・・・・・・・・・・・・・・・・・・・・・・・・・・・・・・・・・・・・

(g)　職務（遂行）上の特記事項：・・・・・・・・・・・・・・・・・・・・・
・・・・・・・・・・・・・・・・・・・・・・・・・・・・・・・・・・・・

「⑴業務１（　　％）」の意味は、たとえばある職務の主要業務をみると、営業外回り、営業事務作業、営業企画業務、社内連絡調整業務、発注・商品受入業務、顧客管理業務などがあるとして、労働時間配分の多い順に業務１から業務５までを記入し、（　）内には総労働時間を100％として、配分時間量をパーセント比率で記入する、という例である。

「⒜職務遂行に必要な知識・技能」は、職務を遂行する上で必要となる知識・技能・技術・経験・資格などがあれば、それを記述する。学歴の必要度も記述するケースもあろう。

「⒝職務遂行での対人関係」は、職務を遂行していく上で、企業内や取引先、顧客などのどのようなレベルの人との連絡・調整・交渉などが必要なのかを記述する。その頻度を記入することもある。

「⒞職務遂行の複雑度・難易度」は、同じような業務の単純な繰り返しなのか、その都度判断を求められる業務なのか、判断も比較的易しい判断なのか、複雑な機械・器具を扱うのか、重量物を扱うのか、立ち作業なのかなどである。

「⒟職務遂行での意思決定の内容」は、職務遂行において、どのような判断、決定をどのような頻度で行うか、である。所属する部署の方針を提案する程度か、最終決定するレベルなのか、なども含む。

「⒠職務遂行上の責任の内容」とは、取り扱う商品の管理を任されているのか、取り扱う機械・器具の管理責任があるのか、どのくらいの金額を扱うのか、などである。

「⒡職務遂行の場の就業環境条件」は、戸外での労働なのか、寒暖の激しい環境下での業務なのか、事務室内での業務が主なのか、騒音のある環境下での業務なのか、臭気の漂う中での業務なのか、などである。

「⒢職務（遂行）上の特記事項」は、職務遂行で特殊な事項があれば記入する。たとえば、年に何度かは、上記では記述されていない特殊な業務があるとか、記述しておくべき特殊事項を記載する。なければ記入の必要はない。

以上では、(a)から(g)まで７項目示したが、４項目でも６項目でも９項目でも構わない。あくまでも企業にとって必要となる項目数でよい。

なお、後掲の図表９－21で示す「職務評価記録カード」は、職務記述書の代わりとなるものである。合わせて、参考にされたい。

3　職務評価の実施とコンサルタントの利用

(1)　職務評価手法の種類

職務記述書を基にして職務評価を行なう。職務評価とは、従業員が担当している職務の企業にとっての価値、すなわちその職務の企業にとっての重要度、を決定することである。職務評価の方法は数多く存在するが完全な方法はない。そこで企業にとって最も適切な手法を利用すればよい。

主な手法として図表９－５に掲げる職務評価手法がある。各手法について、企業が実践できるように次節において説明することとする。

図表９－５　主な職務評価手法

Ｍ１　序列法
　(1)　総当たり比較の序列法
　(2)　トップ・ボトム決定方式の序列法
　(3)　大企業向けの序列法
Ｍ２　職位法
　(1)　単純職位法
　(2)　DBM（Decision Band Method）法
Ｍ３　分類法
Ｍ４　要素別点数法

(2) 職務評価とコンサルタント

上述した職務分析、職務記述書、これから述べる職務評価を自社で行う方法と人事管理コンサルティング会社に依頼して行う方法がある。

自社で行うのであれば、数名からなるチームを人事部門に設置して、必要に応じて各部各課の協力を得ながら実施することとなる。本章では、自社で職務評価を行うことができるように記述している。必要に応じて、企業外で行なわれるセミナーなどでノウハウを学ぶのも良いであろう。

自社で実施するメリットとしては、職務分析、職務記述書、職務評価などの実施・作成のノウハウが自社内に蓄積されて、一度作成した内容を必要に応じて修正しやすい、というメリットがある。一連の職務分析、職務記述書、職務評価は、会社の組織、規模、業務内容などが変化すれば手直しが必要になるのが通常であり、作成したノウハウが社内に残るのは重要な点である。

企業外の組織である人事管理コンサルティング会社にお願いして実施すると、容易に短期間で実施できるというメリットがある。ただし、社内開発の場合と比較すると、必要とする費用はずっと高いものとなる。コンサルティング企業は企業内のことは全く分からないことから、かなりの協力が求められ、また協力しないと適切な職務分析、職務記述書の作成、職務評価の実施ができない。したがって、この場合でも自社の労力はゼロで完成するわけではない。

かってある大手百貨店を訪問調査した折に聞いた話では、同店で賃金体系の一部に従業員の担当業務の価値を反映したジョブ型賃金を導入するために、社内で開発した独自の職務評価を実施した。その結果を用いて賃金制度変更を労働組合に提案した場合には、労使交渉において職務評価結果の客観性が追及されるのではないかと懸念して、外部のコンサルティング企業に同じ作業を依頼したという。そしてコンサルティング企業から出された職務評価結果と自社開発の手法による職務評価結果を比較すると、ほとんど変わらなかったと述べていたことがある。したがって、本書で述べる手法を必要に応じて修正して、外部企業に頼ることなく社内体制のみでしっかりした職務評価を実施することは十分に可能であり、決しておかしなことではない。

4　序列法による職務評価

(1)　総当たり比較の序列法

序列法は最も簡単な方法である。企業内の職務の種類が少ない場合には簡単に実施できる。したがって、中小企業向けの手法である。

職務評価を行う具体的方法は、企業内の職務を全て書き出して、その全ての職務に職務価値（＝職務の重要度）の序列をつけるのである。

中小企業であれば、どの職務についてもよく知っている者が数名集まって、職務評価委員会を形成して委員会の場で、具体的に個々の職務を比較する。例えば、「A、B、C、・・・・・、Z」までの職務があるとする。まずAとBを取り出して、どちらの職務の方が企業にとって重要であるかを判断する。職務内容の全体をとらえて判断することとなる。もちろん、同等であると判断しても良い。次に、AとCを比較する。このようにして、全ての職務を互いに比較して、いわば「勝ち負け」を決める。勝った場合（＝比較して重要とみなされた場合）には１点、同等であればゼロ点、負けた場合にはマイナス１点とする。このようにして総当りゲームを行えば、どの職務も「職務数－１」の比較回数があることとなる。以上のようにして各職務の得点を得られるから、得点の高い順に職務が企業にとって重要であることになる。重要であれば、企業にとって価値が高いと判断すればよい。

以上の方法は、職務数が増加すると比較回数が急増するという問題がある。例えば、職務数がｎあれば、比較回数は「ｎ×（ｎ－１）÷

２」回となる。「ｎ＝20」なら190回の比較回数である。「ｎ＝30」ならそれが435回となる。総当りゲームとすると、以上のように職務数が増加すると比較回数が急増する。そこで次に述べる方法などを組み合わせれば比較回数はかなり減らすことが可能である。

⑵　トップ・ボトム決定方式の序列法

序列法を実践する別の方法としては、全ての職務を見渡して、委員会において意見交換をしながら最も職務価値の高い職務を取り出す。次いで、最も職務価値の低い職務を取り出す。以上により、１番とラストの職務が決まる。次いで、残された職務から同じ作業をして二つの職務を取り出す。その結果、２番とラスト前の職務が決まる。このように作業を進めて、全ての職務の序列を定めるという方法である。

この手法の方が前述の総当たり比較法と比べて時間がかからない。たとえば「ｎ＝20」であれば、最初に１番とラストの職務が決まるから、次に残りの18職務について検討すればよい。さらに16職務、14職務と進んでいくが、判断が難しければ無理やり序列をつけるのではなく、幾つかの職務を同一順位であると判断しても差し支えない。

⑶　序列法による職務等級制度の構築

序列法を用いて職務等級（職務グレード）制度を構築し、各職務に職務等級を対応させることとなるが、それは図表９－６のようにすればよい。グレードをどの順位で区切るかの決まりはない。企業にとって最も好ましい区切りを探すこととなる。職務等級数を６区分ではなく企業の必要に応じて増減することも可能である。

図表９－６　序列法での職務等級制度の構築

序列の順位	職務等級(職務グレード)
1位	グレード6
2〜4位	グレード5

5～10位	グレード4
11～17位	グレード3
18～25位	グレード2
26～30位	グレード1

(4)　大企業向けの序列法

以上は、中小企業を念頭に置いての序列法の説明であった。大企業に対しては利用できないだろうか。

実は序列法を応用することで大企業に対しても職務等級制度の構築のための利用は可能である。その手法は、大企業を構成する部門ごとに序列法を適用するのである。部門に所属する社員数は中小企業の社員数とそれほど変わりないことから、部門内での序列の決定は十分に可能となる。

では部門を超えた序列決定をどうしたらよいであろうか。部門を超えた序列決定は難しいかもしれないものの、目標とする職務等級制度の構築は十分に可能である。**図表９－７**は２部門についての職務等級を見たものである。丸付き数字は、それぞれの部門内での各職務の職務価値の序列を示している。

たとえばA部門があたかも中小企業であるとして、図表９－６のようにして職務等級制度を構築する。次いでB部門の①はA部門のどの職務と似たような職務価値であるかを判定するのである。図表９－７では、A部門②とかA部門③とB部門①がほぼ同等の職務価値であると判断した結果としてグレード６としているのである。このようにA部門を基準にしてB部門のすべての職務のグレードを決めていく。そのようにしても類似する職務を見つけられない場合があるかも知れない。たとえばB部門⑤がそのような職務であるとしよう。しかし、B部門⑤は、B部門④の次に重要であり、B部門⑥よりも重要であることがすでに判明しているから、B部門④およびB部門⑥の職務等級と同じ職務等級に分類すればよいことになる。

以上のようにして各職務の職務等級が決まるが、大企業の場合には、グレード数が結果的に少なすぎる可能性がある。そもそもA部門（20人）だけで基準の職務等級を作成したのであるから当然である。ではどうしたらよいか。すべての部門の職務について職務等級が定まったら、グレードごとの人数がどのように分布しているかを把握する。そして人数があまりにも多い職務等級を分割することを考えるのである。

図表９－７　序列法の大企業への応用

職務等級	A部門(20人)	B部門(15人)
グレード7	①	
グレード6	②、③	①
グレード5	④、⑤、⑥、⑦	②
グレード4	⑧、⑨	③
グレード3	⑩、⑪、⑫	④、⑤、⑥
グレード2	⑬、⑭、⑮、⑯、⑰	⑦、⑧、⑨
グレード1	⑱、⑲、⑳	⑩、⑪、⑫、⑬、⑭、⑮

5　職位法による職務評価

(1)　単純職位法の仕組み

職位法は極めて簡単な方法であり、どの企業でも容易に導入できる方法である。どの企業でも部長、次長、課長、係長、主任といった役職を用意していることが多い。通常、高い役職に就いているということは重要な仕事を担当しているということであり、役職が高い職務ほど職務価値が高いと判断するのである。

例えば、図表９－８に示すような職位とグレードの対応表を用意して、それぞれの職位のグレードを決めることとなる。この手法で注意しなければならない点がある。それは、同じ課長職でも、部長職でも、職務内容をみると重要度に大きな違いが見られることがしばしばあることである。またしばしばみられることとして、ある課長の方が、ある次長やある部長よりも重要な職務を担当しているとか同等の重要度の職務を担当していることがある。そのような場合に、図表９－８のような「職位とグレードとの対応関係」では職務価値に応じたグレードの決定とはならない。もしそのようなケースがあれば、「室長」というグレード６とかグレード７に対応する新たな役職を新設して、その課長を「室長」にする、ということが考えられる。あるいは、部長や次長の職務内容が他の部長や次長と比べて簡単すぎるのであれば、当該部長や当該次長の役職名称を、たとえば専任部長とか専任次長という名称に変更して格下げする必要があることとなる。

職位法の利用に際しては後掲の図表９－11（C）のような分類表を別途用意して、各職位のグレードを決めると間違いが少なくなる。

以上から分かるように、職位法において重要であるのは、同じ職位であれば同程度の職務価値を持つ職務内容であるようにしなければならない。そのような組織にしなければならないのである。

図表９－８　職位と職務等級との対応

職　　位	職務等級
部長、工場長、支店長	グレード7
本社次長	グレード6
課長、主任研究員、支店次長	グレード5
係長	グレード4
主任、研究員	グレード3
上級社員	グレード2
一般社員	グレード1

(2) 職位法の拡張―DBM法

DBM法は上述の職位法を拡充した職務評価手法であると考えることもできる。DBMとはDecision Band Methodの略であり、意思決定法と表現できる職務評価の手法である。DBM法では図表9－9に示すようにA～Fの6区分のバンドを用意する。6区分は意思決定のレベルに応じて決められている。日本の大企業を考えた場合の「対応すると考えられる職位・職階」を図表9－9には示してあるが、DBM法ではそれぞれのバンドをさらに2区分に分ける。その区分をここではグレードと表現している。同じ課長でも上級課長と課長に区分できるようになっている。

DBM法では各グレードをさらに幾つかの区分にすることがあるから、職位法と比較すればかなり複雑・精緻であるが、大きな枠組みは職位法とかなり類似している。各グレードでの（統括）と（非統括）とは、同一バンドに属する者を統括する業務の含まれる職務であるか否かの区分である。バンドAには（統括）区分はない。

図表9－9　DBM法のバンドとグレード

意思決定バンド（Band）		対応すると考えられる職位・職階区分（大企業のケース）	グレード
F	政策決定（Policy）	役員	11　（統括）
			10　（非統括）
E	企画立案（Programming）	本社部長、支店長、工場長	9　（統括）
			8　（非統括）
D	指揮（Interpretive）	本社課長、工場課長	7　（統括）
			6　（非統括）
C	実行（Process）	本社係長・主任、工場職長	5　（統括）
			4　（非統括）
B	操作（Operational）	上級係員	3　（統括）
			2　（非統括）
A	単純定型（Defined）	一般係員・新人	1　（非統括）
			0　（非統括）

資料出所：Ryerson University, Decision Band Method Overview & A Guide to Completing the Position Analysis Questionnaire.（Ryerson University、July 2008）
（注）原資料に「対応すると考えられる職位・職階区分（大企業のケース）」を付加している。

図表９－10は国家公務員の等級基準であり、この等級基準に基づいて賃金が決められている。この表からわかるように国家公務員の等級基準は、DBM法のバンド・グレード区分と同様に意思決定レベルを示しているとみることも可能である。

図表９－10　国家公務員の等級基準

等級	本省	管区機関	府県単位機関	地方出先機関
10級	特に重要な業務を所掌する課長の職務	重要な業務を所掌する管区機関の長の職務	－	－
９級	重要な業務を所掌する課長の職務	管区機関の長、特に重要な業務を所掌する部長の職務	－	－
８級	特に困難な業務を所掌する室長の職務	重要な職務を所掌する部長の職務	困難な業務を所掌する府県単位機関の長の職務	－
７級	室長の職務	特に困難な業務を所掌する課長の職務	府県単位機関の長の職務	－
６級	困難な業務を処理する課長補佐の職務	課長の職務	困難な業務を所掌する課長の職務	困難な業務を所掌する地方出先機関の長の職務
５級	課長補佐の職務	困難な業務を処理する課長補佐の職務	課長の職務	地方出先機関の長、困難な業務を所掌する課長の職務
４級	困難な業務を分掌する係長の職務	課長補佐、困難な業務を分掌する係長の職務	特に困難な業務を分掌する係長の職務	課長の職務

３級	特定の分野についての特に高度の専門的な知識又は経験を必要とする業務を独立して行う専門官の職務	
	係長又は困難な業務を処理する主任の職務	相当困難な業務を分掌する係長、困難な業務を処理する主任の職務
２級	主任の職務 特に高度の知識又は経験を必要とする業務を行う職務	
１級	定型的な業務を行う職務	

資料出所：人事院規則、別表第一

6　分類法による職務評価

職務評価に関する比較的簡単な手法として分類法がある。この手法も中小企業には利用しやすい手法である。同時に、大企業でも利用できることから、職務等級制度を容易に構築する簡便な手法である。

図表９－11に示した各グレードの定義をみながら、個々の職務を分類していくのである。図表９－11(A)は分類法の極めて簡単な例である。グレード定義はどのようにも作ることができる。例えば、図表９－11(B)のようなグレード定義も考えられる。この例も簡単な分類法の例である。図表９－11(A)や図表９－11(B)よりは詳細な分類基準の例を示したのが図表９－11(C)である。

図表９－11(A)　簡便な分類法の例

職務等級	グレードの定義
グレード5	トップと密接な連携の下で、企業目標の達成を図る職務
グレード4	業務の統括を通じて、担当業務の推進を図る職務
グレード3	上司と協議しつつ、組織の核となる業務を推進する職務
グレード2	上司の指示に応じて、多様な業務を推進する職務
グレード1	上司の監督の下で、定型化された担当業務を処理する職務

図表９－11(B)　簡便な分類法の例

職務等級	グレードの定義
グレード5	高度の専門的・技術的・管理的業務
グレード4	専門的・技術的・管理的業務、高度の技能・経験の必要な業務
グレード3	相当の技能・経験の必要な業務
グレード2	多様性のある業務、ある程度の判断の必要な業務
グレード1	上長の監督の下での定型的・繰り返し業務

図表９－11(C)　簡便な分類法の例

職務等級	グレードの定義	具体的職務の例示
グレード7	経営トップと密接に連携しつつ、経営資源を最大限活用して、企業目標の達成のために業務を推進する職務	経理部長、人事部長、研究所長、大規模支店長
グレード6	経営方針に基づき、専門的知識・経験を駆使して、全社的視野の下で高度の企画・研究・開発などを行うと共に、担当業務の推進を図る職務	総務課長、広報室長、主任研究員、小規模支店長
グレード5	上司の概略的方針に基づき、企画・研究・開発などを行うと共に、組織の核として業務を推進し、併せて後進の指導育成を行う段階の職務	研究員、資材課主任、営業所長、上級SE、支店課長
グレード4	上司の包括的指示により、関連部門との折衝を図りながら、大部分自己の判断で担当業務の遂行を行う段階の職務	営業職、初級SE、職長、福利厚生係長
グレード3	上司の概略的指示により、時には自主的判断を必要とするが通常は基準・原理・規則・先例に沿って、定型的業務を正確・迅速に処理する職務	研究補助職、顧客担当職、企業法務員、プログラマー
グレード2	上司の詳細な指示の下に、予め定められた方式に従い、定型的業務を処理する段階の職務	経理課事務員、保全工
グレード1	上司の常態的監督の下で、極めて定型化された業務を正確に処理する段階の職務	製造工、データ処理職、事務補助職

グレード数を幾つにするかは企業の大きさにも影響される。大企業

であれば10以上のグレード数となろう。但し、グレード数は多くなればなるほど、グレード定義には微妙な表現が増えて、分類しにくい職務が数多く発生することとなる。

実際に分類法を利用しようとする企業では、図表9－11(A)～(C)を参考としながら自社で工夫・作成したらよいであろう。

7 分類法の応用事例

ここでは、分類法により職務等級制度を構築しているわが国企業の事例をみることとしたい。前述のように職務等級制度は役割等級制度とか職責等級制度と同等の制度であることに留意が必要である。

事例1：A社（情報・技術・通信・ソフト業）

A社はアメリカにある大手IT企業の日本子会社であり、アメリカ本社の人事制度の影響を強く受けている。アメリカ企業では一般に職務給を採用しており、A社でも賃金は職務給の考え方で決定されている。したがって職務等級制度が構築されており図表9－12が職務等級制度の枠組みを示している。賃金管理は各グレードに賃金レンジ（上限賃金と下限賃金）が定められており、その範囲内で賃金が人事評価結果に応じて昇給・降給するという仕組みである。

図表9－12 A社の職務等級制度

分 類	職務グレード	職位階層	給与方式
専門職	10	主席	年俸制
	9	主管	
	8	副主管、専任	
	7	主任	非年俸制
一般職	6	副主任	
	5		
	4	先任	

一般職	3	一級	非年俸制
	2	二級	
	1	三級	

資料出所：笹島芳雄監修『成果主義人事・賃金』（生産性労働情報センター, 1997年）

事例２：B社（総合電機・重電業）

図表９－13の資格体系は総合職の資格体系を示しており、1998年に導入されたものである。管理職層に関して、各資格に対応する職位を明確にして、資格によって決まる賃金と職位・職責がアンバランスとならない改革を実施した。そのことを示すのが図表９－13の資格と職位・職責の相関定義である。

総合職１級から同４級までは月俸制度とし、資格ごとに賃金レンジ（賃金上限と賃金下限のある範囲給）を設定した。上述したA社のケースと類似している。賃金レンジ内では上限に達すると昇給しない。

図表９－13　資格と職位・職責の相関定義

分　類	資　格	職　位
管理職層	総合職1級（参与）	事業所長・技師長相当
	総合職2級（参事）	部長・主管技師長相当
	総合職3級（参事補）	部長・主管技師長候補の課長・主任技師相当
	総合職4級（統括副参事）	課長・主任技師
一般層	総合職5級（副参事1級）	技師・主任・企画業務担当者
	総合職6級（副参事2級）	
	総合職7～9級	

資料出所：笹島芳雄監修『成果主義人事・賃金Ⅵ』（生産性労働情報センター、2003年）

事例３：C社（電子機器メーカー）

C社の専門職等級制度は職務を基準としており、職務等級制度と表現することが可能である（図表9－14参照）。役割等級制度とか職責等級制度と表現することも可能である。専門職等級制度は、管理職業務の経営に対する重要度・影響度に基づき格付けしている。

図表9－14　C社の専門職等級制度

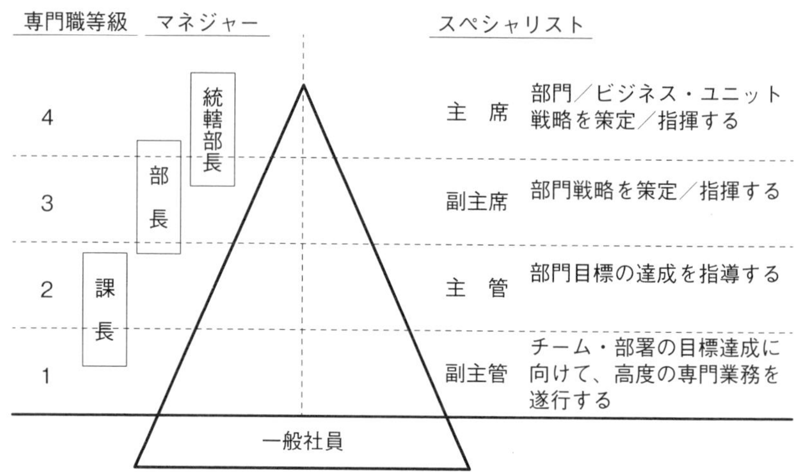

資料出所：笹島芳雄監修『成果主義人事・賃金Ⅷ』（生産性労働情報センター、2005年）

一般的に、ラインの管理職の職務価値に関しては、担当する部とか課の業務内容を通じて評価することがかなり可能であり、専門職等級制度での等級を決めやすい。他方、専門的・技術的業務を担当するスタッフ職務となると担当業務の重要度はなかなか分かりにくい。そこでC社では、図表9－15の分類基準を用意して、スペシャリストの格付けを行っている。担当領域と参画の程度、経営への影響、助言・提言先の3基準により専門職等級を決定している。

賃金体系は「月例給与＝職務給」というシンプルな体系である。

図表９－15　スペシャリストの等級基準

専門職等級	呼　称	担当領域と参画の程度	経営への影響	助言・提言先
4	主　席	経営上、重要な事項に関する極めて高度、広範な専門領域の業務を遂行し、経営層を補佐する	経営の全般、あるいは、いくつかの大部門	役　員
3	副主席	経営上の重要事項に関する高度、広範な専門領域の業務を遂行し、所属長を全般的に補佐する	特定の大部門、あるいは複数の部門	統轄部長
2	主　管	所属する部門の管理運営事項、全般に関する高度、広範な専門領域の業務を遂行し、所属長を全般的に補佐する	特定の部門、あるいは複数の課、グループ	部　長
1	副主管	所属する組織の管理運営事項に関する高度な専門領域の業務を遂行し、所属長を全般的、ないしは一部補佐する	課、あるいはグループ	課　長

資料出所：図表９－14に同じ

事例４：D社（水産業）

D社は2002年に職務等級制度に移行した。職務等級は、社員の担当する職務の職務価値（責任範囲・重要度・困難度など）に応じて定めている。幹部社員は、職務価値に基づき経営基幹１級職から同３級職に分類され、それぞれの分類の中で職務価値に基づいて更に２区分となっている。組合員層についてみると、職務価値に応じて業務基幹職から業務２級職までの３区分となっている。図表９－16は職務等級ごとの職務レベルの内容と対応する職位を示している。専門職・スタッフ職も職務価値に応じてK１－SからG２までの職務等級が対応している。

図表９－16　職務等級ごとの職務レベル

職務等級		職務レベル	ライン管理職
経営基幹1級職	K1−S	部・所長レベル、もしくは同水準の極めて高度な専門的職位	部長、所長
	K1−I		部長、所長
経営基幹2級職	K2−S	一部の部・所長または役割の広範囲なライン課長レベル、もしくは同水準の高度な専門的職位	部長、所長、課長
	K2−I		課長
経営基幹3級職	K3−S	一部のライン課長もしくは同等水準の専門的職位	課長
	K3−I	課レベルの組織におけるナンバー・ツー、課長代理レベルの職位、もしくは同水準の専門的職位	−
業務基幹職(GK)			−
業務1級職(G1)		一定範囲の役割における一人前レベルの専門的職位	−
業務2級職(G2)		一定範囲の役割における専門的職位、もしくは定型的・補助的業務中心の職位	−

資料出所：図表９－14に同じ

賃金制度は「基本給＝職責給＋職務能力給」であり、「職責給」は職務等級ごとに固定額が定められ、いわゆるシングルレートである。「職務能力給」は、職務等級ごとに上限、下限を有する範囲給である。下限から上限への昇給は、人事評価結果に基づいて行われ年齢、勤続年数とは無関係である。

8　要素別点数法による職務評価

(1)　職務構造

要素別点数法はこれまで述べてきた分類法を精密に行う手法である。分類法では単純すぎる、曖昧すぎる、もう少し丁寧に職務評価を実施したい、という企業には適した手法である。分類法と同様に、以下で述べる内容を参考にして自社に適した要素別点数法を自社開発することは十分に可能である。

どのような職務にも様々な側面がある。一つの職務を的確に処理するためには、職務知識、技術・技能、経験が必要であり、同僚・顧客との適切なコミュニケーションや折衝が求められる。書類作成業務もあればパソコン技術も必要である。重要な判断が求められることもある。このように様々な側面があるが、この様々な側面が、どの程度大変なのかを評価しようとするのが要素別点数法という手法である。

一つの職務を構成する要素はいろいろ考えられるが、図表9－17(A)では、意思決定、人的対応、職務の複雑度、知識・技術、職務の責任度の5要素を考えている。必ず5要素でなければならない、ということではない。企業が重要であると考える要素を必要な数だけ取り出せばよい。この要素ごとに上述した分類法を適用して、労働者の担当する職務の職務価値を決定しようと考えるのが要素別点数法である。

図表9－17（B）では職務評価する要素として4要素を取り上げている。

図表9－17(A)　一つの職務の構造（5要素の例）

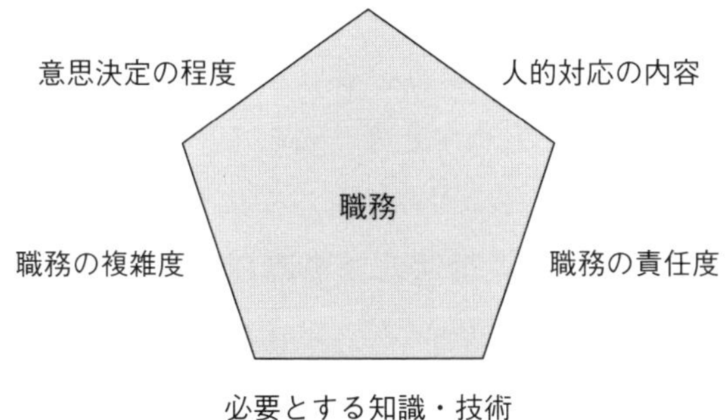

図表9－17(B) 一つの職務の構造（4要素の例）

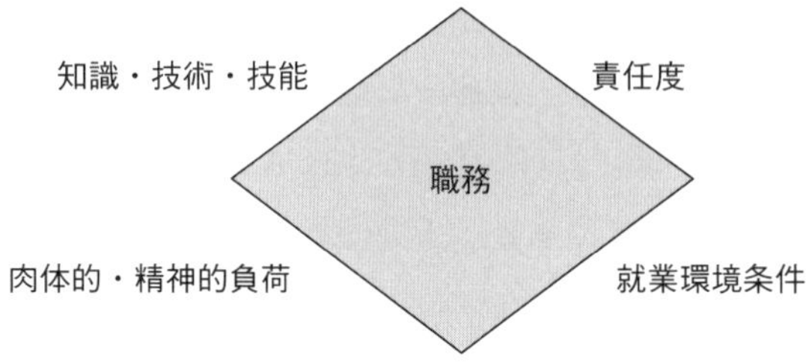

(2) 要素別点数法の具体的職務評価基準の例

図表9－17(A)に対応した要素別点数法の具体例をみたのが図表9－18(A)から図表9－18(E)であり、知識・技能、責任の程度、意思決定の程度、職務の複雑度、対人関係の必要度という5職務評価要素のそれぞれについて、難易度、複雑度などに応じて6段階のレベルを設定している。すべて6段階となっているが、必ず6段階でなければならないということではなく、必要に応じて段階数を設定することができる。5職務評価要素のそれぞれは分類法となっている。

ある職務を考えたときに、知識・技能＝レベル3、責任の程度＝レベル2、意思決定の程度＝レベル4、職務の複雑度＝レベル2、対人関係の必要度＝レベル4であるとすると、図表9－18(A)から図表9－18(E)の場合には合計295点となる。この合計点が当該職務の職務価値企業にとっての重要度を表わすと考えるのである。

図表9－18(A) 要素別点数法による職務評価①（知識・技能）

レベル(得点)	知識･技能のレベル
レベル1 (25点)	1か月程度の訓練や短期間の実務経験を必要とする職務。
レベル2 (50点)	1～3か月程度の集中訓練、または1～6か月程度の実務経験を必要とする職務。

レベル3 （75点）	6～12か月程度の集中的な教育・訓練、または2年程度までの実務経験を必要とする職務。
レベル4 （100点）	1～2年の専門教育・職業教育、または3～5年の実務経験により形成される専門的・技術的な知識・技能を必要とする職務。
レベル5 （125点）	専門的資格につながる2年以上の専門教育に加えて2年以上の実務経験により形成される高度の知識・技能、またはそれと同等の知識・技能を必要とする職務に5年以上従事して形成される高度の知識・技能を必要とする職務。
レベル6 （150点）	広範な高度の知識・技能を必要とする職務であって、レベル5の職務で5年以上の経験を必要とする職務。

資料出所：笹島芳雄『アメリカの賃金・評価システム』（日経連出版部、2001年）
（注）原資料となった図表4－7の一部を修正している。

図表9－18(B)　要素別点数法による職務評価②（責任の程度）

レベル（得点）	責任の程度
レベル1 （25点）	企業全体の業績への影響がほとんどない職務。職務上の失敗は数時間内で明らかになる職務。管理責任は使用する器具に限られる。
レベル2 （50点）	企業全体の業績への影響は小さい職務。職務上の失敗は簡単に見付けられ、数日内に明らかになる職務。管理責任は所属する係の使用する器具・機械に限られる。
レベル3 （75点）	所属する係・課の業績への影響はかなりあるが、より上位の組織の業績への影響は小さい職務。職務上の失敗は直ちにわからないが、所属する課や部門の業務に悪影響をもたらす職務。定型業務を担当する1～2名を管理する。小さな課に関わる予算、設備などの管理責任がある。
レベル4 （100点）	所属する課・部門の業績への影響がかなりあり、企業業績への影響をもたらす職務。職務上の判断の誤りはしばらくわからないが、部門業績をかなり減ずる。
レベル5 （125点）	企業の主要事業分野の特定部門の業績責任がある職務。企業業績への影響は大きい。判断の誤りは長期にわたって明らかにはならず、部門や企業の業績にひどい悪影響を及ぼす。
レベル6 （150点）	企業の主要事業分野の業績責任がある職務。企業業績への影響は極めて大きい。判断の誤りを知るのはほとんど不可能である。

資料出所および注：図表9－18(A)に同じ

図表9－18(C) 要素別点数法による職務評価③（意思決定の程度）

レベル（得点）	意思決定の程度
レベル1 （20点）	定型的業務であり、業務のすべてが簡単な指示の下で遂行される職務。思考内容は定型化されている。
レベル2 （40点）	かなり定型的業務であり、上司による密接な監督の下で遂行される職務。多くの業務は簡単な規定・手法の適用ですむが、時折、工夫が必要である。思考内容は概して定型化されている。
レベル3 （60点）	上司による一般的指示と監督の下で遂行する職務。仕事の手順は示されているが、時折工夫が必要である。しかし複雑な業務は上司に任せることがある。
レベル4 （80点）	職務遂行は、定められた範囲内でかなり自由に行うことが可能な職務。意思決定を必要とし、資料・情報を分析して問題解決する能力が求められる職務。上司による指導は必要な時のみ行われる。思考内容はある程度の創造力を必要とする。
レベル5 （100点）	職務遂行は、幾つかの重要な決定事項を除けば、自由に行うことができる職務。業務目的、業務目標や業務遂行基準を除けば、上司による指示はほとんどない職務。思考内容には、意思決定や計画作成の面で、独創力・創造力を必要とする。
レベル6 （120点）	一般的な方針の下で職務遂行する。意思決定では高度の判断力と先導力を必要とし、上からの指導はない職務。新しい情勢に対応するために、常に創造力や工夫力を必要とする職務。

資料出所および注：図表9－18(A)に同じ

図表9－18(D) 要素別点数法による職務評価④（職務の複雑度）

レベル（得点）	職務の複雑度
レベル1 （15点）	繰り返し作業が基本の職務。
レベル2 （30点）	繰り返し作業であるが、様々な技能を必要とする職務。
レベル3 （45点）	多様性のある業務を担当する職務。しかし職務や業務特性には共通性がある職務。
レベル4 （60点）	特定の職能の範囲内で、多様な業務や意思決定を行う職務。意思決定の内容はしばしば変化する。

レベル5 （75点）	幾つかの職能にわたる業務や意思決定のある職務。企業にとって重要な変化にしばしば直面する職務。
レベル6 （90点）	主要な職能すべてにわたる業務や意思決定のある職務。常に生ずる変化への対応が求められる職務。

資料出所および注：図表９－18(A)に同じ

図表９－18(E)　要素別点数法による職務評価⑤（対人関係の必要度）

レベル（得点）	対人関係の必要度
レベル1 （15点）	ほとんど重要性のない人的対応のみの職務。
レベル2 （30点）	企業内で日常的に人的対応があり、同等職位以下の者との情報交換目的の人的対応の職務。企業外の者との対応は儀礼的な対応のみ。
レベル3 （45点）	情報提供や問い合わせなどのために、他部門の上位者や企業外の者との対応があり、適切な対応を必要とする。
レベル4 （60点）	非定型的な事項に関して、他部門の上司との日常的な対応があり、ある程度の折衝力を必要とする職務。企業外の者との対応において、非定型的な事項の対応や苦情処理を行い、かなりの折衝力を必要とする職務。
レベル5 （75点）	企業内外で上級レベルの者と頻繁な対応があり、交渉も行う職務。かなりの説得力を必要とする職務。
レベル6 （90点）	企業内外の最高レベルの者との対応が常にあり、高度のコミュニケーション能力、説得力、交渉力を必要とする職務。

資料出所および注：図表９－18(A)に同じ

(3)　職務評価要素ごとの配点

図表９－19は、図表９－18(A)から図表９－18(E)のレベル別点数を再掲したものである。ここで注意が必要である。この点数の決め方には特別のルールはない。それぞれの企業が自由に決められる。企業が重要であると考える職務評価要素に高い点数を付与するようにすればよい。たとえば、なによりも顧客重視だという企業では、顧客対応という職務評価の要素を用意して、それに高い点数を付与すればよい。

顧客重視が大切だとする企業が図表9－18(A)から図表9－18(E)を利用するならば、図表9－18(E)（対人関係の必要度）の各レベルの得点を高くすればよい。

図表9－19(A)の示している点数は一例であり、別の点数例を図表9－19(B)、図表9－19(C)で示した。図表9－19(A)と図表9－19(B)には実質的には違いはない。図表9－19(A)の点数を2倍したのが図表9－19(B)だからである。図表9－19(B)と図表9－19(C)を比べると、後者は前者と比較して「職務の複雑度」「対人関係の必要度」を重視していることが分かる。

また、すべてをレベル1からレベル6に分ける必要はない。職務評価要素によってはレベル1からレベル4の4区分とすることも、レベル1からレベル5の5区分とすることも考えられる。図表9－19(C)はそのような例である。

図表9－19(A)　要素別点数法の点数の付与例(1)

レベル	職務評価要素				
	知識・技能	責任の程度	意思決定の程度	職務の複雑度	対人関係の必要度
レベル1	25	25	20	15	15
レベル2	50	50	40	30	30
レベル3	75	75	60	45	45
レベル4	100	100	80	60	60
レベル5	125	125	100	75	75
レベル6	150	150	120	90	90

図表９－19(B)　要素別点数法の点数の付与例(2)

レベル	職務評価要素				
	知識・技能	責任の程度	意思決定の程度	職務の複雑度	対人関係の必要度
レベル1	50	50	40	30	30
レベル2	100	100	80	60	60
レベル3	150	150	120	90	90
レベル4	200	200	160	120	120
レベル5	250	250	200	150	150
レベル6	300	300	240	180	180

図表９－19(C)　要素別点数法の点数の付与例(3)

レベル	職務評価要素				
	知識・技能	責任の程度	意思決定の程度	職務の複雑度	対人関係の必要度
レベル1	30	30	40	50	50
レベル2	60	60	80	100	100
レベル3	90	90	120	150	150
レベル4	120	120	160	200	200
レベル5	150	150	200	250	250
レベル6			240	300	300

最終的にどのような点数（ウェイト）を採用したらよいかであるが、前述したように企業の経営方針から考えて重要であると考える職務評価要素に高い点数を付与することである。そのような検討をした上で、図表９－19(A)～９－19(C)にみるような点数付与例をいくつか考えて、実際に当てはめて従業員の職務評価点を算出し、さらに職務等級を仮決定してみることである。

職務評価点の結果をみて、従業員の序列の決まり方にとくに問題がなければ、その前提となった点数付与方法を採用することとなる。従業員の序列の決まり方に問題があるようであれば、点数付与方法に問題があるのか、グレード区分に問題があるのかを探求し、その問題を解消するように変更することとなる。

一度、点数付与方法を決定し一定期間運用したとすると、その後に変更することは大変な作業となるだけではなく、変更により悪影響を受ける従業員が発生することがあるから、当初の点数付与方法の決定は慎重でなければならない。その点はグレード区分についても言えることである。

(4)　職務等級制度の構築

職務評価を終えた後、職務等級制度の構築に進むこととなる。どのくらいのグレード数とするかが一つのポイントである。大企業ではグレード数が多くなり、中小企業ではグレード数は少なくなる。図表9－20ではグレード数が6のケース、10のケース、14のケースを示した。

職務評価点でグレード区分を構築するが、構築するにあたっては、まずグレード数を決めて、次に職務評価点に基づくグレード区分を構築する。そして各職務のグレードを仮決めする。仮決めしたグレードで何か問題があるかどうかチェックする。たとえば、上司と部下が同一グレードであるとか、同一グレードであることが望ましいのにもかかわらず異なるグレードとなっているといった問題である。不都合があればグレード区分を変更する必要が生ずる。すなわち、試行錯誤の方法でグレード区分を決定することとなる。

図表９－20　要素別点数法でのグレードの決定

グレード区分点（職務評価点の合計）	グレード6区分	グレード10区分	グレード14区分
1100点以上	グレード6	グレード10	グレード14
1000～1099点	グレード6	グレード10	グレード13
900～999	グレード6	グレード9	グレード12
850～899	グレード6	グレード9	グレード11
800～849	グレード6	グレード9	グレード11
750～799	グレード5	グレード8	グレード10
700～749	グレード5	グレード8	グレード10
650～699	グレード5	グレード7	グレード9
600～649	グレード5	グレード7	グレード9
550～599	グレード4	グレード6	グレード8
500～549	グレード4	グレード6	グレード8
450～499	グレード4	グレード5	グレード7
400～449	グレード3	グレード5	グレード6
350～399	グレード3	グレード4	グレード5
300～349	グレード2	グレード4	グレード4
250～299	グレード2	グレード3	グレード3
200～249	グレード1	グレード2	グレード2
199点以下	グレード1	グレード1	グレード1

(5)　職務評価記録カードの作成

要素別点数法を採用した場合には、従業員一人ひとりに対して、職務評価記録カードを作成しておくことが望ましい。職務評価記録カードとは、職務評価の内容を記し、最終的にどのような決定を行ったかを記録したカードである。たとえば**図表９－21**にみるような記録カードを用意しておくのである。そのような記録カードがあれば、誰にでも従業員の職務等級の決定理由が容易に分かること、後に職務内容が変化した時に再評価しやすいこと、などのメリットがあるからである。

なお、既述した序列法や分類法の場合にも、職務評価記録カードあるいは職務等級決定記録カードを整備しておくことが望ましい。

図表9－21 職務評価記録カードの例

職務評価記録カード

職務評価実施日時：＿＿＿＿＿年＿＿＿月＿＿＿日

評価実施責任者（所属・氏名）：＿＿＿＿部＿＿＿課＿＿＿＿＿＿＿＿＿＿

担当者の所属：＿＿＿＿＿＿＿部＿＿＿課＿＿＿係

担当者氏名：＿＿＿＿＿＿＿＿＿＿＿＿＿＿＿＿＿＿＿＿＿＿

職務名：＿＿＿＿＿＿ 職務番号：＿＿＿＿＿＿＿＿＿＿＿＿＿＿＿＿

担当職務の概要：＿＿＿＿＿＿＿＿＿＿＿＿＿＿＿＿＿＿＿＿

評価結果：＿＿＿＿＿＿＿＿ 合計点：＿＿＿＿ 職務等級：＿＿＿＿＿＿＿

職務評価要素	具体的内容	レベル	得点
意思決定の内容			
業務上の対人関係			
業務の複雑度			
必要な知識・技能			
業務上の責任の内容			
		合計点	

特記事項	

参考資料

本書作成にあたっては、数多くの資料を参考にさせていただいた。そのうちの主要な資料を順不同で以下に記すこととする。なお参考資料のうち、年月日を明示していない定期刊行物については、幾つもの号を参照した。

①　定期刊行物

・労務行政研究所「労政時報」（月２回刊）
・労働法令協会「労働法令通信」（旬刊）
・日本人事労務研究所「月刊人事労務」（月刊）
・（独）高齢・障害・求職者雇用支援機構「エルダー」（月刊）
・東洋経済新報社「週刊東洋経済：70歳まで働く」（2014年２月15日）
・東洋経済新報社「週刊東洋経済：定年消滅」（2020年10月17日）
・日経BP社「日経ビジネス：定年延長パニック」（2013年３月４日）
・東洋経済新報社『会社四季報　2021年春号』（2021年）
・毎日新聞社「週刊エコノミスト：「65歳雇用」の真実」（2013年10月14日）
・有斐閣「ジュリスト：正規・非正規の不合理な格差とは」（2021年３月）
・有斐閣「ジュリスト：同一労働同一賃金の今後」（2019年11月）

②　単行書

・（財）高年齢者雇用開発協会『65歳定年制を導入する際の賃金制度の在り方に関する調査研究報告書』（1999年）
・日本経団連出版編『定年延長・再雇用制度事例集』（日本経団連出版、2005年）
・労務行政研究所編『60歳超雇用・制度設計と処遇の実務』（労務行政研究所、2005年）
・玄幡真美『仕事における年齢差別―アメリカの経験から学ぶ』（御茶の水書房、2005年）
・笹島芳雄『65歳定年制実現のための人事・賃金制度』（㈱労働法令、2013年）
・笹島芳雄『最新　アメリカの賃金・評価制度』（日本経団連出版、2008年）
・笹島芳雄『アメリカの賃金・評価システム』（日本経団連出版、2001年）
・厚生労働省「不合理な待遇差解消のための点検・検討マニュアル」（2019

年）
・西村聡『職務分析・職務評価と賃金の決め方』（日本法令、2019年）
・永野仁『日本の高齢者就業―人材の定着と移動の実証分析』（中央経済社、2021年）
・（独）高齢・障害・求職者雇用支援機構『65歳超雇用推進マニュアル』（2017年）
・（独）高齢・障害・求職者雇用支援機構『65歳超雇用推進事例集2020』（2020年）
・（独）高齢・障害・求職者雇用支援機構『70歳雇用推進マニュアル』（2021年）

③　企業事例用参考資料

・日本経団連出版編『定年延長・再雇用制度事例集』（日本経団連出版、2005年）
・労務行政研究所編『60歳超雇用・制度設計と処遇の実務』（労務行政研究所、2005年）
・日本経団連『高齢者雇用の促進に向けた取組みと今後の課題』（2008年）
・労務行政研究所「労政時報」（第3960号、2018年10月26日）
・労務行政研究所「労政時報」（第3906号、2016年３月25日）
・笹島芳雄監修『成果主義人事・賃金（第Ⅰ～第Ⅹ）』（生産性労働情報センター、1997年～2008年）

70歳就業時代の雇用・賃金改革
－高齢者を活かす定年制とジョブ型賃金－

2021年11月25日　発行

定価2,200円（本体2,000円＋税10%）

著　者　笹島　芳雄
発行所　株式会社 労働法令
〒104-0033　東京都中央区新川２－１－６
ＴＥＬ　03－3552－4851
ＦＡＸ　03－3552－4856

落丁・乱丁本はおとりかえします。
ISBN978-4-86013-319-1 C2032 ¥2000E